영화로
배우는
세계

영화로 배우는 세계

전쟁 · 환경 · 기후 ·
경제 · 인권으로 살펴보는
지구촌의 오늘

오애리 지음

북카라반
CARAVAN

'영화'라는 창을 통해 바라본 오늘의 세상

2025년 말부터 두바이쫀득쿠키, 즉 두쫀쿠 열풍이 대한민국을 강타했습니다. "두쫀쿠 너무 맛있더라"든가, "나도 먹고 싶은데 파는 데가 없다"는 말이 여기저기서 들릴 정도로 정말 대단한 인기였습니다. 구하기 힘든 두쫀쿠를 직접 만들어보는 동영상들도 쏟아졌고요. 두쫀쿠는 중동식 가는 국수인 카다이프의 바삭바삭한 식감과 초록색 피스타치오의 고소함, 겉껍질 마시멜로의 쫀득쫀득한 느낌을 한꺼번에 느낄 수 있다는 점에서 맛뿐만 아니라 먹는 재미가 남달라 많은 인기를 모은 듯합니다.

두쫀쿠는 국내 제과 업체에서 처음 만들었기 때문에 사실 두바이와는 아무 상관이 없습니다. 엄밀히 말해 쿠키도 아니고요. 다만, 원조 격인 두바이초콜릿처럼 카다이프와 피스타치오가 속 재료로 들어가기 때문에 '두바이'란 이름이 붙은 듯합니다.

아랍에미리트UAE를 구성하는 7개 토후국들 중 하나인 두바이는 최근 몇 년 사이에 유난히 한국인들과 친숙해진 곳입니다. 다른 중동 국가들에 비해 서구화된 문화를 가지고 있고, 최첨단의 볼거리와 오락 시설들을 갖추고 있다는 점 때문에 많은 관광객들이 찾고 있습니다.

이런 가운데 우리나라에서는 두바이초콜릿이 큰 인기를 끌더니, '두바이'를 앞세운 국산 먹거리까지 등장했으니 그야말로 '두바이 열풍'이라 해도 과장은 아닌 듯합니다. 심지어 두바이 국민들도 깜짝 놀랐다지요?

한국인이 이처럼 사랑하는 두바이에서 미사일 폭격으로 관광지와 호텔, 민간 거주지 등이 피해를 입는 일이 발생했습니다. 미국과 이스라엘이 핵무기 개발 프로그램의 원천 차단을 명분으로 이란을 먼저 공격하자, 이란이 두바이가 있는 아랍에미리트, 바레인, 쿠웨이트 등 주변 국가들의 미군 주둔 기지와 이스라엘 본토를 향해 탄도미사일로 보복공습을 단행한 겁니다. 미군 기지를 목표로 삼았다고는 하지만 일부 미사일들이 엉뚱한 곳에 떨어지거나 파편이 튀면서 민간의 피해도 적지 않았지요.

미국과 이스라엘의 이란에 대한 선제공격으로 시작한 전쟁은 사실상 중동 전역으로 확산되고 말았습니다. 이란에서는 개전 첫 주 동안에만 최소 1000명 이상의 민간인이 사망했고, 이스라엘 및 이란 주변 국가들에서도 인명 피해가 이어졌습니다.

두바이 등 아랍에미리트의 유명 도시들을 찾았던 한국인 등 각국의 관광객들 역시 갑자기 전쟁의 한복판에 놓이게 돼 크게 당황하고 두려움을 느꼈다고 합니다. 비행기가 뜨지 못해 발만 동동 구르다가 어렵게 한국으로 돌아온 사람들 중 몇몇은 공항에 마중 나온 가족과 포옹하며 엉엉 울더라고요.

2026년 2월 28일에 일어난 미국, 이스라엘-이란 전쟁은 전 세계에 엄청난 충격을 던졌습니다. 앞서 2025년 6

월에 미국과 이스라엘이 이란 핵시설을 폭격한 적이 있기는 하지만, 이번처럼 이란 곳곳을 동시다발로 폭격하면서 전면전에 나서리라고 예상하기 어려웠던 게 사실입니다. 미국은 폭격을 단행하기 직전까지 이란과 핵문제 해결을 위해 스위스 제네바에서 협상을 벌이고 있었고, 양측이 이견을 좁히지는 못했지만 일단 대화를 계속하려는 분위기가 있었기 때문입니다.

미국, 이스라엘과 이란 간의 갈등은 기나긴 역사를 가지고 있습니다. 그래서 근본적인 원인을 알려면 수십 년 전으로 거슬러 올라가야 합니다. 오랜 세월 동안 이어져온 문제이니만큼 복잡하고 어렵게 느껴질 수밖에 없습니다. 하지만 이 전쟁을 계기로, 지구 반대편에서 벌어지는 일이 우리의 일상에 중대한 영향을 미칠 수 있다는 사실을 다시 한번 절감하게 됩니다.

『영화로 배우는 세계』는 국제 이슈를 좀 더 쉽고 편하게 접근할 수 있도록 안내하는 책입니다. 길잡이 역할은 바로 '영화'입니다. 요즘은 다양한 플랫폼을 통해 영화, 드라마, 다큐멘터리 등을 즐길 수 있는 시대입니다. 종영한 지 오래된 작품이라도 언제든 찾아서 볼 수 있지요. 저 역시, 우연히 본 영화의 내용에 흥미를 느껴 정보들을 찾아보거나 관련 서적들을 읽으며 공부했던 경험이 많습니다. 그런 점에서 '영화'는 세상으로 향하는 좋은 창문이라고 생각합니다.

이 책에서 소개하는 작품은 10편입니다. 〈사마에게〉는 시리아 내전의 참상, 〈마리우폴에서의 20일〉은 우크라이나 전쟁, 〈신성한 나무의 열매〉는 이란의 독특한 정치 체제와 반히잡 시위, 〈제로 다크 서티〉는 아프가니스탄 전쟁과 대테러 전쟁의 고통을 생생하게 보여줍니다. 레바논의 한 10대 소년의 가슴 아픈 사연을 다룬 〈가버나움〉으로는 세계 곳곳에서 여전히 일어나고 있는 청소년 인권 침해 실태를 살펴볼 수 있습니다.

〈스즈메의 문단속〉, 〈나의 문어 선생님〉, 〈옥자〉는 우리의 일상에 큰 영향을 미치는 환경과 과학기술의 문제점을 생각하게 만듭니다. 거품경제, 빈부격차 등 경제 관련 이슈들이 어렵게 느껴진다면 〈국가부도의 날〉과 〈슬럼독 밀리어네어〉가 좋은 길잡이가 될 수 있습니다.

이 작품들이 여러분을 더 깊고 넓은 세계로 인도하는 자극제가 되길 바랍니다.

2026년 3월

오애리

① 〈사마에게〉와 '아랍의 봄'

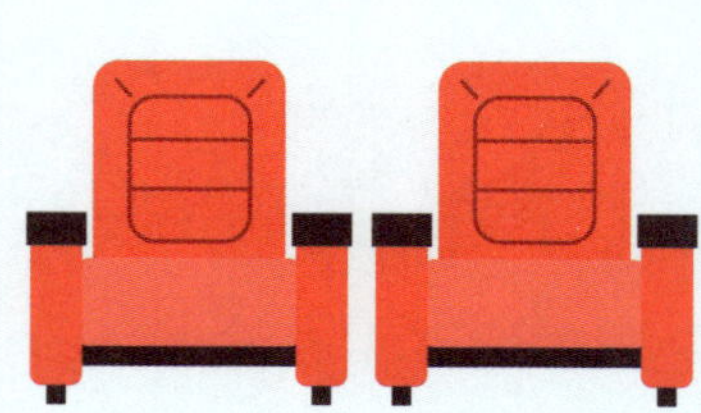

〈사마에게〉와 '아랍의 봄'

감독 : 와드 알카팁

장르 : 다큐멘터리 영화

상영시간 : 1시간 36분

등급 : 15세

〈사마에게For Sama〉는 시리아의 영화감독이자 촬영감독이고, 한 남자의 아내이자 한 아이의 어머니인 와드 알카팁이 자신의 고향 시리아의 알레포에서 발생한 민주화 시위와 내전 과정을 생생하게 담아낸 다큐멘터리입니다. 시리아 정부군은 시위를 진압한다는 명분으로 알레포에 폭탄과 총탄을 퍼부었지요. 알카팁은 휴대전화와 카메라를 들고 그 공포의 순간을 생생하게 기록했습니다.

알카팁은 자신의 목소리로 사랑하는 딸에게 이렇게 말합니다. "사마, 너를 위해 이 영화를 만들었단다. 우리가 왜 이 일을 겪어야만 했는지, 우리에게 무슨 일이 일어났는지 알려주기 위해서야. 이런 세상에 태어나게 한 엄마를 용서해주겠니?"

〈사마에게〉는 시리아에서 벌어졌던 참상을 전 세계에 생생하게 고발한 다큐멘터리이자, 한 어머니가 딸에게 보내는 애절한 영상 편지이기도 합니다.

이 작품은 2020년 영국 아카데미 영화상BAFTA에서 최우수 다큐멘터리상 수상을 비롯해 수많은 국제영화제에서 상을 받았으며, 같은 해 미국 아카데미상 장편다큐멘터리 부문에 후보로 오르는 등 세계 각국에서 큰 관심과 호평을 받았습니다.

2024년 12월 8일 전 세계가 깜짝 놀랄 만한 뉴스가 보도됐습니다. 2011년부터 무려 13년간 이어졌던 내전에도 건재한 듯했던 시리아의 바샤르 알아사드1965~ 독재정권이 반군 조직의 공격에 무너진 겁니다. 알아사드 대통령은 수니파 무장 조직 '하야트 타흐리르 알샴HTS' 주도의 반군이 대대적으로 공세를 시작한 지 불과 11일 만에 패배를 인정하고 러시아로 도피했습니다. 이로써 1971년부터 하페즈 알아사드와 그의 아들 바샤르 알아사드의 대를 이은 독재정권이 53년 만에 역사 속으로 사라졌습니다.

이제 전 세계의 관심은 시리아의 새로운 미래입니다. 반군 조직은 과도정부를 출범시켰고, 2026년 현재 아흐마드 알샤라 임시 대통령이 정부 조직을 이끌고 있습니다. HTS는 9·11 테러를 일으킨 알카에다와 연계된 '알누스라 전선'에 뿌리를 두었던 조직으로, 2016년 알카에다와 연계를 공식적으로 끊은 것으로 알려져 있습니다. 한때 미국은 사실상 그 뿌리가 같다며 HTS를 테러 조직 명단에 올렸고, HTS 수장이자 현재 임시 대통령인 아흐마드 알샤라에게 현상금 1000만 달러를 걸기도 했었습니다.

이런 배경 때문에 시리아의 새 정부가 '제2의 아프카니스탄 탈레반 정권'이 되는 게 아니냐는 우려가 적지 않았습니다. 하지만 알샤라 임시 대통령은 과도정부를 이슬람 근본주의 테러 단체로 의심하는 국제사회의 우려를 불식하고, '정상적인 통치 세력'으로 자리매김하기 위한 과감한 변화들을 취하고 있습니다. 여성 인권과 언론 자유를 확대하고, 삼권분립 원칙을 반영한 새 헌법 수립을 위한 조치들을 취했고, 시리아 내 다양한 종교와 민족, 소수파들을 아우른 과도정부 확대 개각을 단행해 국제사회로부터 긍정적인 반응을 얻고 있기도 합니다.

2025년 5월 알샤라 임시 대통령은 중동을 순방 중인 도널드 트럼프 미국 대통령을 직접 만났습니다. 이후 트럼프 대통령은 시리아의 변화를 긍정적으로 평가해 그동안 부과해온 경제 제재 대부분을 해제했습니다.

그렇다면 이제 시리아의 앞날은 탄탄대로일까요? 아직은 그렇지 않은 듯합니다. 오랜 독재 체제와 내전 탓에 경제가 사실상 붕괴된 상태여서, 이를 복구하기까지 많은 시간과 노력이 필요합니다. 과도정부가 과연 민주주의적 정부 체제로 순조롭게 계속 발전해 나갈지에 대해서도 여전히 우려의 시선이 적지 않은 것이 사실입니다.

가장 큰 문제는 세계 곳곳에 흩어져 있는 시리아 난민입니다. 유엔 통계에 따르면 시리아 내전 10여 년 동안 해외로 나간 난민은 총 1300만 명으로 추정됩니다. 그중 일부는 시리아로 돌아갔으며, 2024년 말 기준으로 세계 각국에 정식 등록된 시리아 난민은 약 500만 명으로 추정됩니다. 불법 난민들을 포함하면 숫자는 더 많을 것으로 추정됩니다.

시리아 난민을 가장 많이 수용하고 있는 국가는 튀르

 영화로 배우는 세계

키예이고, 그다음으로 레바논, 요르단, 이라크, 이집트 등 대부분 중동 인접국들입니다. 유럽의 경우는 내전이 격화된 2015년 이래 한때 약 170만 명을 수용한 바 있습니다. 이후 대규모 난민 유입에 대한 우려가 커지며 유럽 각국에서는 반난민 정서가 고조됐고, 극우 정당들이 급성장하면서 유럽의 정치 지형을 바꿔놓기도 했습니다. 한국에 들어와 있는 시리아 난민은 수백 명으로 추정됩니다.

우려되는 점은 해외의 시리아 난민들이 안심하고 귀국하기는 여러모로 이른 상황인데도 불구하고, 각국에서 반난민, 강제 출국 조치 등을 취할 가능성입니다. 오스트리아는 유럽 국가 최초로 시리아 난민 한 명을 강제 송환했는데, 앞으로 더 많이 송환하겠다는 입장입니다. 이 남성은 2014년 오스트리아에서 난민 지위를 부여받았으나, 2018년 11월 범죄를 저질러 유죄 판결을 받고 징역 7년 형을 선고받으면서 난민 지위를 박탈당했다고 합니다.

시리아 난민들은 언제쯤 고국으로 돌아가 일상을 되찾을 수 있을까요? 〈사마에게〉를 만든 알카팁 감독의 가족은 2016년 알레포 상황이 급격히 악화하자 피신해서 영국으로 이주했고, 현재까지 영국에서 살고 있는 것으로 알려져 있습니다. 그의 딸 이름 '사마'는 아랍어로 '하늘'이란 뜻이라고 합니다. 사마는 2015년에 태어나 한 살 때 시리아를 떠났으니 자신과 부모의 고향 알레포에 대한 기억이 없겠지요. 사마가 알레포로 돌아가 아름답고 평화로운 하늘을 바라볼 수 있기를 기원해봅니다.

튀니지에서 시작된 '아랍의 봄'

시리아 내전은 왜 일어났을까요? 그 이유를 알기 위해서는 2010년 말 중동을 비롯해 북아프리카 각국에서 일어난 민주화 시위를 살펴보아야 합니다. 이 시위를 일명 '아랍의 봄'이라고 합니다. 시작은 북아프리카 튀니지였습니다. 튀니지는 지중해를 사이에 두고 이탈리아 시칠리아 섬과 마주 보고 있는 국가로, 고대 도시국가 카르타고기원전 814~기원전 146가 번성했던 역사를 간직한 곳입니다.

2010년 12월 17일 튀니지 중부 지역의 소도시 시디

부지드에서는 행상을 하던 26세 청년 무함마드 부아지지가 분신자살하는 사건이 발생했습니다. 대학을 졸업하고도 일자리가 없어 길거리에서 과일을 팔아 생계를 잇던 부아지지는 이날 경찰의 단속에 걸려 과일들을 모두 빼앗긴 것도 모자라 벌금까지 내야 했습니다. 이에 분노한 부아지지는 온몸에 휘발유를 끼얹고 사람들이 보는 앞에서 불을 붙였습니다.

이 사건에 충격을 받은 시디부지드의 시민들은 이튿날 거리에 모여 일자리와 경제 회복, 정치적 자유를 외치며 시위를 벌였어요. 이전에도 아이스크림을 팔다가 경찰에게 걸려 팔던 물건을 뺏긴 청년이 분신을 감행했던 적이 있었습니다. 또다시 같은 사건이 벌어지자 분노한 시민들이 결국 집단행동에 나서게 된 겁니다. 분신을 기도한 후 병원으로 실려 간 부아지지가 2011년 1월 4일 숨을 거두자, 시위는 수도 튀니스를 비롯해 전국 곳곳으로 확산되면서 더욱 격화됐습니다.

시위 참가자들과 경찰이 충돌하면서 수십 명이 목숨을 잃기도 했어요. 시위의 직접적인 계기는 경찰의 강압적인 단속과 부아지지의 죽음이었지만, 진짜 이유는 따로 있었

* * *

2010년 말부터 튀니지를 시작으로 중동과 북아프리카에서는 독재 정권들
에 맞선 시민들의 저항이 거세게 일어났다. 이를 '아랍의 봄'이라고 한다.
튀니지는 혁명 이후 민주주의의 길을 가고 있다.

습니다. 바로 지네 엘 아비디네 벤 알리1936~2019 대통령 정

권의 부패, 경제난과 불평등 등 오랫동안 쌓이고 쌓였던 국

민들의 불만이었어요.

 직업군인 출신인 벤 알리는 1985년 국가안보장관으

로 임명된 이후 1987년 총리직에 오르는 등 승승장구하던

정치인이었습니다. 그는 1987년 이른바 '무혈 쿠데타'를

일으켜 하비브 부르기바1903~2000를 몰아내고 대통령이 된

인물입니다. 초기에는 대통령 임기 제한, 다당제 도입, 경제 개혁 등을 추진하며 국민들의 지지를 받았어요. 하지만 점차 권력에 취한 그는 대통령 종신제를 사실상 허용하는 개헌을 추진하고, 온갖 부정과 비리를 자행하며 독재를 이어 나갔습니다.

무능하고 부패한 정권이 만 23년 동안 이어지면서 튀니지 경제가 갈수록 악화하자 국민들의 고통이 나날이 커졌습니다. 특히 2008년 미국에서 터진 금융 위기의 파장이 수년째 이어지면서 튀니지 등 많은 국가들이 경제적으로 더욱 어려움을 겪고 있었지요. 벤 알리 대통령은 식료품 가격 인하, 일자리 창출을 약속하는 한편 2014년 대선 불출마를 약속하는 등 대응에 나섰지만, 부패와 무능에 분노한 국민들을 달래기에 역부족이었습니다.

2011년 1월 14일 국민 수천 명이 내무부 청사 앞에 집결해 벤 알리의 즉각적인 하야를 요구하고 경찰의 시위 강경 진압을 비난했습니다. 노조는 대규모 파업으로 저항에 동참했어요. 같은 날 벤 알리는 결국 대통령직에서 물러나겠다고 발표하고 가족과 함께 사우디아라비아로 망명했습니다. 언론들은 장기간 이어졌던 독재가 국민들의 힘, 일명 '피플 파워'로 무너졌다는 의미로 튀니지의 국화에서 이름을 따 '재스민 혁명'이라고 불렀습니다. 벤 알리는 2014년 9월 사우디아라비아에서 암투병 중 사망했지요.

2011년 10월 23일 튀니지 최초의 자유선거로 제헌의회 의원 선거가 치러졌고, 2014년 1월에는 총선과 대선이 치러졌습니다. 재스민 혁명 이후 첫 번째 정규 대선에서는 모하메드 베지 카이드 에셉시1926~2019가 대통령에 당선됐습니다. 2026년 현재 튀니지의 대통령은 두 해 전 재선에 성공해 두 번째 임기를 지내고 있는 카이스 사이에드입니다. 사이에드는 권위주의적 통치로 비판받고 있기도 합니다.

튀니지의 '재스민 혁명'은 독재 정권 붕괴 후 민주적 정치 체제가 비교적 안정적으로 자리 잡았다는 점에서 성공했다는 평가를 받고 있습니다. 중동 지역 민주화의 모범 국가로 불리기도 합니다. 물론 어려움이 많았습니다. 민주화 과정에서 갈등과 폭력이 고조됐고, 2017년에는 더딘 경제 회복에 실망한 국민들이 또다시 시위를 벌이기도 했어요.

그럼에도 2015년 노벨위원회는 평화상 수상자로 튀니지의 민주화에 기여한 '튀니지 국민 4자 대화기구TNDG'를 선정했습니다. "내전으로 치달을 수 있는 위기 상황에서 튀

 영화로 배우는 세계

니지 국민 4자 대화기구가 대안적이며 평화적인 정치 과정을 구축함으로써 민주주의 건설에 결정적 공헌을 했다”는 것이 선정 이유였지요.

튀니지 국민 4자 대화기구의 ‘4자’는 노조연맹, 산업무역수공업연합, 인권연맹, 변호사회 등 핵심적인 네 개 시민사회 단체들을 가리킵니다. 각 사회의 목소리를 대변하는 이 단체들은 2011년 독재자 벤 알리가 물러난 이후 나라가 혼돈 속에 빠져들자, 2013년부터 각자의 이해관계를 떠나 정치 이념과 종교 파벌에 따라 갈등하던 세력들을 중재해 평화적 대화의 길을 여는 데 큰 역할을 했습니다.

이집트로 옮겨붙은 ‘혁명의 불꽃’

튀니지에서 시작된 민주화 시위는 이내 이집트로 확산됐습니다. 벤 알리 튀니지 대통령이 물러나고 약 열흘 후인 2011년 1월 25일, 수도 카이로에서 대규모 반정부 시위가 일어난 겁니다. 시위대는 호스니 무바라크1928~2020 대통령의 30년에 걸친 철권통치의 종식을 요구했는데, 진압 과정에서 수십 명이 목숨을 잃기까지 했어요. 그럼에도 카이로 시내 타흐리르 광장을 중심으로 한 시위대는 이어졌습니다. 아랍어로 '해방'이란 뜻인 타흐리르 광장은 이집트 민주화의 상징이 됐지요.

무바라크는 공군 참모총장이던 1973년 아랍 연합군과 이스라엘 간의 '욤키푸르 전쟁(4차 중동 전쟁)'에서 활약한 공으로 1975년 부통령에 발탁됐어요. 이후 1981년 10월 안와르 사다트1918~1981 대통령이 이슬람 원리주의자에 의해 암살된 후 대통령 자리에 올랐어요. 그는 통치 기간 내내 게엄 체제를 유지하며 '20세기 파라오'처럼 절대 권력을 누렸지요. 부정부패도 극심했어요.

튀니지에 부아지지가 있다면, 이집트에는 칼레드 모하메드 사이드가 있었습니다. 이집트 제2의 도시인 알렉산드리아에 살던 28세 청년 사이드는 2010년 6월 카페에 앉아 있다가, 갑자기 들이닥친 경찰들에게 체포돼 끌려갔어요. 며칠 뒤 그는 싸늘한 시신으로 집에 돌아왔습니다. 경찰은 사이드가 절도와 무기 소지 혐의로 체포됐으며, 이 과정에서 강하게 저항하다가 사망했다고 밝혔습니다.

경찰의 말은 사실이 아니었습니다. 부패한 한 경찰이 마리화나를 거래하는 모습을 우연히 목격한 사이드가 그 광경을 몰래 찍어 유튜브에 올렸던 게 진짜 이유였지요. 그러니까 경찰이 자신들의 비리를 폭로한 사이드에게 보복을 했던 겁니다. 사이드의 형이 찍어서 온라인에 공개한 그의 얼굴은 처참했습니다. 두개골이 골절되고, 턱뼈가 부러져 있는 등 성한 곳이 거의 없을 정도였죠. 누가 봐도 모진 구타와 고문을 당했음을 알 수 있었습니다.

이 사진을 보고 큰 충격을 받았던 사람들 중에는 구글의 중동 및 북아프리카 지역 마케팅 책임자 와엘 고님이 있었습니다. 그는 페이스북에 '우리 모두 칼레드 사이드'란 페이지를 만들어 무바라크 독재 정권 아래에서는 죄 없는 국민들 모두가 제2, 제3의 사이드가 될 수 있다는 메시지를 전했죠. 이 페이지에는 무려 50만 명이 넘는 가입자들이 몰렸고, 2010년 말부터 2011년 초까지 있었던 튀니지 시위에 자극받은 이집트 국민들이 거리로 쏟아져 나왔을 때 사이드는 '이집트 민주화' 열망의 상징이 됐습니다.

2011년 2월 11일 무바라크 대통령이 결국 사임을 발표함으로써 30년에 걸친 그의 독재는 막을 내렸습니다. 그는 폭력 행위, 부정 축재 혐의 등으로 재판을 받아 법정 최고형인 25년형을 구형받아 수감됐다가, 2017년 항소 재판에서 무죄 판결을 받아 석방됐습니다. 이후 건강이 크게 악화해 2020년 2월 카이로의 한 병원에서 91세 나이로 세상을 떠났습니다.

이집트 민주화 시위는 튀니지와 마찬가지로, 불특정 다수 국민이 자발적이며 자유롭게 참여해 변화를 이끌어 냈다는 평가를 받고 있습니다. 그러나 그 결과는 튀니지와는 상당한 차이가 있었지요. 2011년 말 총선에서 국민 다수가 이슬람주의 단체인 무슬림형제단이 세운 자유정의당을 지지했습니다. 이듬해 치러진 대선에서는 이집트 현대 역사상 최초로 무슬림형제단 출신의 무함마드 무르시(1951~2019)가 민선 대통령에 당선됐습니다.

무르시는 유세 기간 내내 자신이 대통령이 되면 이란이나 사우디아라비아처럼 이슬람 원리주의를 내세우지 않을 것이라고 약속했어요. 그는 대선 승리 연설에서 "모든 이집트 국민의 대통령이 되겠다"며, 기독교인과 여성의 완전한 기본권을 보장하고 다양한 정치적 종교적 세력들을 중용하겠다고 강조했습니다. 그러나 세속 독재 정권이 물러난 이집트에 이슬람 '신정' 독재가 들어서는 것이 아니냐는 우려가 계속 제기됐어요.

결국 무르시 대통령은 취임한 지 1년이 채 안 되는 2013년 7월 군부 책임자인 압델 파타 엘시시 국방장관이 이끈 군부 쿠데타에 의해 축출됐습니다. 취임 초기부터 계속된 군부와의 권력 투쟁, 이슬람주의 색채가 강한 개헌 강행, 좀처럼 나아지지 않는 경제 상황에 실망한 국민들의 불만 등이 실각의 원인으로 꼽힙니다. 무르시 대통령과 그의 정부가 많은 문제를 가지고 있기는 했지만, 어렵게 이룩한 민주화는 다시 군부 통치 시대를 맞게 됨으로써 실패하고 만 셈입니다.

무르시는 실각 후 팔레스타인 무장정파 하마스와 접촉했다는 간첩 혐의와 폭력 선동 혐의, 반정부 시위대 고문 혐의 등으로 45년형을 선고받았습니다. 그는 수감된 후 법정 싸움을 계속하던 중 2019년 6월 67세로 사망했습니다.

과도정부를 이끈 엘시시는 쿠데타 이듬해인 2014년 대선에 출마해 대통령에 당선됐어요. 그는 2018년 재선에 이어 2023년 12월 3선에도 성공했습니다. 앞서 2019년 개헌을 통해 대통령 임기가 4년에서 6년으로 늘어, 그의 세 번째 임기는 2030년까지입니다.

엘시시가 이처럼 장기 집권할 수 있는 배경은 무엇일까요? 그가 2021년 10월까지 국가 비상사태를 유지해 반대파와 시민사회를 탄압하고, 집회와 결사의 자유를 제한하고, 공권력 강화 등을 밀어붙였기 때문입니다. 이와 더불어 무라바크 정권 몰락 이후 벌어졌던 이집트의 혼란을 지켜본 국민들의 부정적인 인식과 불안정한 중동 정세에 따른 불안감 역시 크게 작용한 것으로 분석됩니다.

현행 이집트 헌법상 엘시시 대통령은 세 번째 임기를 끝으로 물러나야 합니다. 그러나 벌써부터 또다시 개헌을 통해 장기집권을 노릴 것이란 관측이 나오고 있습니다.

34년 독재 정권 무너뜨린 예멘 민주화 시위

튀니지에 이어 이집트에서 국민들이 장기 집권 독재

자를 권좌에서 끌어내리는 과정을 관심 있게 지켜보던 사람들이 있었습니다. 바로 예멘의 청년들과 지식인들이었지요.

예멘은 아라비아반도 남쪽 끝에 자리한 국가입니다. 위로는 사우디아라비아가 있고, 오른쪽으로는 오만과 국경을 맞대고 있지요. 예멘은 제1차 세계대전이 끝나고 남북으로 나뉘었다가 1990년 재통일했습니다. '아랍의 봄'이 한창이던 2010~2012년 당시 예멘 국민들은 만성적인 실업과 경제난, 오랜 독재 정치로 고통에 시달리고 불만이 쌓여 있었습니다.

알리 압둘라 살레1942~2017 대통령은 1978년부터 1990년까지 북예멘 대통령에 재임한 데 이어, 통일 후 2012년 초까지 무려 34년 동안 권력을 유지하던 중이었습니다. 그의 통치 기간에 예멘은 1인당 국민소득이 1060달러로, 절반에 가까운 국민이 하루 2달러도 안 되는 돈으로 생활할 정도로 빈곤한 국가가 됐습니다.

2011년 1월 27일, 예멘 수도 사나에서 살레 대통령의 퇴진을 요구하는 시위가 벌어졌습니다. 앞서 북아프리카 튀니지와 이집트에서 벌어졌던 민주화 시위가 아라비아반도 내에서도 벌어지기는 예멘이 처음이었습니다. '분노의 날'로 명명된 2월 3일 시위에는 수만 명이 참가했고, 여섯 야당까지 정치 개혁을 요구하고 나섰습니다.

3월에 접어들면서 시위대와 정권 간의 갈등은 유혈 충돌 양상으로 발전하기 시작했어요. 3월 18일 군과 경찰이 쏜 총에 수십 명이 목숨을 잃었습니다. 이 사건을 계기로 살레 대통령은 비상사태를 선포했어요. 그는 평화적인 정권 교체를 권하는 걸프협력기구GCC의 제안을 거부하면서 버텼습니다. 그러다 대통령궁이 폭격을 당할 때 부상을 입기도 했고, 한때 사우디아라비아로 피신해 치료를 받은 후 수개월 후 귀국하기까지 했습니다.

상황이 불리하게 돌아가자 살레는 2011년 11월 24일 GCC의 제안을 받아들여 자신과 가족을 재판하지 않는 조건으로 권력을 이양했으며, 2012년 2월 공식적으로 대통령직에서 물러났습니다. 이후 압드라보 만수르 알하디 부통령이 과도정부를 이끌 대통령으로 당선됐어요. 이듬해인 2013년 4월 예멘 내 사회 갈등을 해소하고 민주화 방안을 모색하기 위한 국민대화회의가 출범했습니다. 이를 계기로 예멘에서도 민주주의가 정착할 수 있을 것이란 기대감이

 영화로 배우는 세계

* * *

예멘에서 수만 명의 시위대가 사나대학교로 행진하는 모습이다. '분노의 날'로 불린 2011년 2월 3일 시위에는 야당들도 정치 개혁을 요구하며 합류했다.

높아지기도 했죠.

그러나 희망은 곧 실망으로 바뀌었습니다. 2014년 예멘 북부의 후티 반군이 수도 사나 등을 점령하면서 정부군과의 내전이 본격화된 겁니다. 후티는 이슬람 수니파가 다수인 에멘 내 소수 시아파인 '자이디스'파의 분파로, 1990년대 살레 당시 대통령의 부정부패에 맞서 싸운다는 명분으로 결성됐습니다. 이 단체를 결성한 후세인 알후티에서 이름을 따왔습니다.

후티 반군이 사나를 포함한 예멘 북부를 장악하자, 2015년 알하디 대통령이 이끄는 정부는 남부 항구도시 아덴으로 피신했지요. 2년 뒤인 2017년 살레 전 대통령이 사나에서 후티 반군에 의해 피살당했어요.

예멘 내전은 친이란 성향의 후티 반군을 척결하기 위해 사우디아라비아 중심의 아랍 연합군이 개입하면서 국제전이 됐습니다. 2026년 현재도 후티 반군과 남부 아덴을 중심으로 한 정부 사이에 갈등이 이어지고 있습니다. 10년 넘게 계속되고 있는 내전으로 예멘 국민 약 38만 명이 사망했고, 400만 명이 살던 집을 잃고 난민이 됐습니다.

리비아 독재자 카다피의 비참한 최후

예멘처럼 민주화 시위가 내전으로 비화된 또 다른 국가로 북아프리카 리비아를 꼽을 수 있습니다. '아랍의 봄'

시위가 중동 곳곳을 휩쓸고 있던 2011년 당시 리비아의 최고 지도자는 무아마르 알 카다피1942~2011였어요.

1969년 27세 육군 대위였던 카다피는 동료 장교들과 쿠데타를 일으켜 왕정을 폐지하고 공화정을 선포했습니다. 이후 국가원수, 국가평화평의회 의장, 총리, 국방장관직을 겸임하며 권력을 틀어쥐었지요. 그렇지만 특이하게도 평생 그의 계급은 대령에 머물렀고 '혁명 지도자'로 불리기를 좋아했습니다. 그는 집권 기간 내내 젊은 여성들로만 구성된 경호부대의 경호를 받는가 하면, 해외를 방문할 때도 호텔이나 영빈관 대신 가지고 간 유목민 텐트에서 지내는 등 기행으로도 유명했어요.

한때 미국을 겨냥해 폭탄테러를 벌였던 카다피는 2003년 자발적으로 핵무기 등 대량살상무기 개발 포기를 선언하면서 국제사회에 복귀했습니다. 석유와 천연가스 등 풍부한 천연자원을 팔아 얻은 수익으로 저소득층을 지원하는 등 국내에서 한때 인기를 얻기도 했습니다. 하지만 반대파를 탄압하고 온갖 부정부패를 저지르는 등 독재를 이어나갔습니다.

카다피의 42년 철권통치는 2011년 2월 이웃 국가 이집트의 독재자 무바라크가 무너지면서 본격적으로 흔들리기 시작했어요. 2월 15일 수도 트리폴리를 비롯해 전국 곳곳에서 카다피의 퇴진과 민주화를 요구하는 시위가 대규모로 벌어진 겁니다. 정부군과 경찰이 시위를 진압하는 과정에서 수십 명이 목숨을 잃었지만, 시위 열기는 수그러들기는커녕 더욱 거세게 확산됐어요.

그러자 리비아 보안군은 전투기, 헬리콥터, 각종 자동화기 등을 총동원해 무차별적인 사격과 폭격을 가했지요. 열흘 남짓 이어진 반정부 시위 과정에서 300여 명이 사망했다는 보도가 나오기도 했습니다. 리비아 정부는 외국인 용병들까지 동원해 일부 지역에서 집단 학살을 자행한 것으로 전해졌습니다. 이에 국제사회가 강력하게 비난했음에도 카다피는 전투기를 동원해 시위대를 향한 폭격을 계속했어요.

결국 3월 17일 유엔 안전보장이사회는 리비아 영공에 '비행금지구역' 설정을 결의하고 군사개입을 승인했습니다. 중동 각국에서 민주화 시위로 인한 혼란이 벌어졌지만, 유엔이 군사적으로 개입하고 나선 것은 리비아가 처음이었어요. 유엔이 정하는 비행금지구역이란, 인도적 지원을 위해 허가된 항공기 외에는 어떤 비행기도 통과할 수 없는 구역을 말합니다. 해당 국가 정권의 제공권을 사실상 박탈하는 조치로, 이를 어긴 항공기에 대해서는 유엔이 지정한 군이 격추할 수 있습니다.

미국, 영국, 프랑스 등 다국적군은 3월 19일 1차 공습을 단행해 리비아 방공 시스템을 파괴한 데 이어, 20일에는 정부군의 병참 지원 라인을 끊기 위한 2차 공습을 감행했어요. 21일에도 수도 트리폴리와 카다피의 고향이자 방공 기지가 있는 수르트(시르테) 등에 3차 공습을 이어 나갔습니다. 다국적군의 폭격 속에서도 카다피군은 탱크를 앞세워 반정부 시위대가 장악한 지역에 무차별 공격을 퍼부었어요. 그럼에도 시민군은 굴복하지 않고 세력을 계속 넓혀 갔습니다.

이처럼 극도로 혼란스러운 상황에서 카다피는 어떻게 됐을까요? 수개월 동안 모습을 드러내지 않고 은둔했던 카다피는 2011년 10월 20일 고향 수르트의 하수구 안에 숨어 있다가 시민군에 발각됐습니다. 그 순간 카다피는 시민군에게 "쏘지 마! 쏘지 마!"라고 외쳤다고 합니다. 그 역시 죽음의 공포 앞에서는 나약한 인간에 불과했던 겁니다. 결국 그는 시민군이 쏜 총에 비참한 죽음을 맞았습니다.

이로써 42년간 이어졌던 카다피 독재 정권은 공식적으로 막을 내렸고, 민주화 시위에서 시작된 내전 사태도 끝이 났습니다. 카다피는 '아랍의 봄' 시위 사태에서 자국 국민에게 피살당한 첫 번째 지도자란 기록도 세우게 됐지요.

카다피의 죽음으로 리비아는 평화와 안정을 되찾았을까요? 안타깝게도 그렇지 못했습니다. 트리폴리를 포함해 서부를 통치하는 통합정부GNU와 동부를 장악한 군벌 칼리파 하프타르의 리비아국민군LNA이 각자 자신이 정통성을 가진 정부라고 주장하며 2차 내전을 벌인 겁니다. 한 나라 안에 두 정부가 공존하는 기막힌 상황이 된 것이죠. 그 와중에 극단 이슬람주의 테러 조직 이슬람국가IS 등 수많은 테러 조직들이 준동하면서 리비아는 그야말로 무법천지가 되고 말았습니다.

2026년 현재 리비아는 여전히 통합정부와 리비아국민군이 지지하는 국가안정정부GNS로 나뉘어 있습니다. 2020년 양측이 휴전에 합의한 이후 비교적 평온한 상태가 되기는 했지만, 통합정부가 장악한 동부 지역에서는 라이벌 민병대 간에 충돌이 종종 발생하고 있습니다.

낙서에서 시작된 시리아 내전

이제, 영화 〈사마에게〉의 무대인 시리아에 대해 살펴볼까요?

시리아는 북쪽으로 튀르키예, 동쪽으로는 이라크, 남쪽으로는 요르단과 이스라엘, 서쪽으로는 레바논과 지중해에 접해 있는 국가입니다. 오랜 역사와 문명을 자랑하며, 지리적 요지에 자리 잡은 국가답게 오랫동안 교역의 중심지이기도 했지요. 특히 수도 다마스쿠스는 섬세한 무늬가 들어간 비단으로 유명해, 도시의 이름을 따서 '다마스크 비단'이란 용어가 생겨났을 정도입니다.

중동 각지에서 민주화 시위가 벌어지고 있을 당시 시리아의 대통령은 바샤르 알아사드였습니다. 2000년 아버지 하페즈 알아사드1930~2000가 29년 독재 끝에 사망한 후 그의 둘째 아들인 바샤르가 대통령직을 이어받았어요. 북한의 김일성-김정일-김정은 권력 세습처럼 바샤르 알아사드도 부자 간 세습으로 대통령이 된 것이지요.

하페즈 알아사드는 공군 장교였던 1966년 쿠데타에

가담해 성공한 후 국방장관 등 요직을 역임하다, 1970년 또다시 쿠데타를 일으켜 권력을 잡았던 인물입니다. 1971년 허울뿐인 선거를 통해 대통령이 된 그는 사망할 때까지 철권통치를 하다가 아들에게 권력을 세습했어요. 시리아에서는 50여 년에 걸쳐 부자 독재가 이어지고 있었던 것이지요. 이것이 바로 2011년 시리아에서 민주화를 요구하는 대규모 시위 사태가 일어난 핵심 원인이었습니다.

그 시작은 아주 사소한 일이었어요. 2011년 3월 남부 다라 지역의 한 학교 담장에서 스프레이와 페인트로 쓴 낙서가 발견됐습니다. 낙서의 내용은 이랬습니다. "의사 선생님, 이제 당신 차례예요." 의사 선생님이라니, 누구를 가리키는 것일까요?

낙서를 본 모든 사람들은 단박에 문제의 의사 선생님이 바샤르 알아사드를 뜻한다는 사실을 알아챘습니다. 바샤르 알아사드는 대통령이 되기 전 안과 의사였거든요. 즉 낙서는 '튀니지와 이집트에서 독재자가 쫓겨 나갔듯이, 다음 차례는 시리아의 바샤르 알아사드 차례'라는 의미였습니다.

'아랍의 봄'이 시리아로 번질까 두려워하던 알아사드

 영화로 배우는 세계

✳ ✳ ✳

하페즈 알아사드 동상 뒤로 그와 그의 아들들 초상화가 보인다(1994년). 하페즈가 29년을 집권하다 사망하자 그의 둘째 아들인 바샤르(왼쪽)가 대통령직을 이어받았다. 대를 이은 독재는 2011년 일어난 시리아 민주화 시위의 핵심 원인이었다.

정권은 아이들의 낙서를 장난쯤으로 보아 넘기지 않았습니다. 치안 당국은 담벼락에 정치 구호를 쓴 자들을 색출하기 위해 총동원됐고, 결국 10대 소년들을 체포해 끌고 갔습니다. 그중 한 명인 무아위야 스야스네의 증언에 따르면, 경찰은 소년들에게 무자비한 구타와 고문을 행했다고 합니다. 소년들은 한 달 넘게 옥살이를 해야만 했지요.

아이들이 보안요원들에게 잡혀가 고초를 당했다는 사실이 시민들의 입에서 입으로 전해졌습니다. 3월 25일 다라에서는 수만 명이 참가한 대규모 반정부 시위가 벌어졌습니다. 그리고 전국 곳곳에서 비슷한 시위가 이어졌지요.

이에 알아사드 정권은 시위대를 체포하고, 주동자들을 색출해 고문과 살해를 자행했습니다. 그래도 시위가 수그러들지 않자 탱크, 전투기, 헬기를 동원해 무차별적으로 공격했고, 많은 사상자가 발생했어요. 사마와 부모가 살고 있던 알레포를 비롯해 홈스 등 유서 깊은 도시들이 정부군의 공격에 큰 피해를 입었지요. 심지어 민간인들을 향해 독극물인 사린과 염소가스를 살포하기까지 했습니다.

알아사드에 반대하는 사람들이 조직한 자유시리아군이 정부군에 맞서 싸우면서, 시리아는 내전 속으로 점점 깊이 빠져 들어갔습니다. 2012년 7월 유엔도 시리아가 내전 상태임을 공식 선언했지요.

 영화로 배우는 세계

혼란 속에 등장한 '이슬람국가'

2014년 6월 시리아는 또 한 번 큰 변화를 맞게 됩니다. 혼란을 이용해 뿌리를 내린 극단 이슬람 무장 단체 이슬람국가IS가 시리아와 이라크 일부 지역에 '칼리파 국가'를 수립했다고 선언한 것입니다. 칼리프는 초기 이슬람 시대의 통치자를 가리키며, 칼리프 국가란 이슬람 율법(샤리아)에 따라 통치되는 국가를 말합니다.

며칠 뒤 IS는 동영상 한 편을 세상에 공개했습니다. 이라크 북부 도시 모술에 있는 알누리 모스크 연단에 검은 수염을 기른 한 남성이 연설하는 장면을 담은 영상이었습니다. 남성의 이름은 아부 바크르 알바그다디1971~2019. 알바그다디는 스스로를 '칼리프'로 칭하면서 "내가 신에게 복종하듯이, 나에게 복종하라"고 요구했습니다.

그동안 IS가 시리아와 이라크에서 준동하며 끔찍한 테러를 저지르고 있다는 사실은 많이 알려졌습니다. 하지만 수장인 알바그다디가 스스로 대중들 앞에 모습을 드러내기는 처음이었습니다. 테러 조직이 '국가'를 수립했다는 사실도 놀라울 뿐이었지요.

알바그다디는 대체 어떤 사람일까요? 그는 이라크 바그다드대학교에서 이슬람을 공부했으며, 이라크 주둔 미군에 맞서 싸운 전력이 있는 것으로 전해집니다. 2003년에는 이라크 팔루자에서 미군에 체포됐다가 석방된 적이 있습니다.

이후 알바그다디는 오사마 빈라덴이 이끄는 알카에다 이라크지부AQI에 들어가 활동한 것으로 추정됩니다. AQI는 훗날 '이라크이슬람국가ISI'로 이름을 바꿨는데, 알바그다디가 이 조직을 장악한 시점은 2010년 4월쯤으로 알려집니다. 그는 2013년에 ISI를 '이라크시리아이슬람국가ISIS'로 바꿨다가, 이름을 다시 IS로 변경했습니다.

알바그다디와 IS는 2014년부터 약 3년간 최전성기를 누렸습니다. 알카에다조차 놀랄 정도로 잔학성을 과시했고, 이라크와 시리아 정부 시설과 유전, 은행들을 장악하며 전 세계에서 가장 부유한 테러 조직이자 역사상 가장 급성장한 테러 조직이기도 했습니다. 한때는 시리아 일부 지역도 차지했지요. 세계 곳곳에서 IS 대원이 되겠다며 자발적으로 모여든 청년들의 숫자가 한때 1만 2000여 명에 달하기도 했습니다.

그러나 IS는 2017년 10월 미군의 지원을 받은 시리아민주군SDF에게 수도 락까 등 근거지들을 잃었고, 이라크에서도 연이어 패배하면서 급격히 쇠퇴하기 시작했습니다. 2019년 10월 트럼프 대통령은 IS의 수장 알바그다디가 시리아 이들리브 지역에서 미군 특수부대에 쫓기다가 자살조끼를 스스로 터트려 목숨을 끊었다고 발표했습니다.

IS 등 테러 조직들의 준동이 아이러니하게도 알아사드 독재 정권의 입장에서는 그리 나쁘지 않았습니다. 미국, 튀르키예 등이 시리아 내전 사태에 개입하기는 했지만 반정부군을 지원하기보다는 IS 척결에 더 몰두하면서, 독재 정권에 오히려 유리한 상황이 됐기 때문입니다. 시리아 내 분열된 정치 세력과 종파 갈등도 알아사드의 입지를 강화하는 데 기여한 셈입니다.

러시아의 지원을 받은 정부군은 알레포 등 반군에게 잃었던 요지들을 속속 탈환하는 데 성공했고, 드디어 알아사드는 오랜 내전에서 승리했습니다. 튀니지, 이집트, 예멘, 리비아에서 독재자들이 모두 비참한 최후를 맞았던 것과 달리, 알아사드는 민주화 시위와 내전을 진압하고 권력을 계속 유지할 수 있게 된 겁니다.

하지만 2024년 말 엄청난 반전이 벌어졌습니다. 이슬람 무장 세력 '하야트 타흐리르 알샴HTS'을 중심으로 한 반군은 북부 알레포에서 정부군을 상대로 공격을 개시한 지 불과 열흘 남짓 만에 파죽지세로 몰아붙여 수도 다마스쿠스를 점령하고 승리를 선언했습니다. 알아사드는 가족과 함께 러시아로 도피했고, HTS 수장인 아흐메드 알샤라는 과도정부를 구성해 임시 대통령이 됐습니다.

HTS는 알카에다와 연계된 '알누스라전선'에 뿌리를 둔 조직이지만, 2016년 알카에다와 연계를 공식적으로 끊었습니다. 그러나 미국은 사실상 그 뿌리가 같다며 HTS를 테러 조직 명단에 올린 바 있습니다. 따라서 시리아의 새로운 임시정부가 이슬람 근본주의를 바탕으로 한 '제2의 아프가니스탄 탈레반 정권' 또는 '제2의 이슬람국가'가 되는 것이 아니냐는 우려가 많았지요.

다행스럽게도 알샤라 임시 대통령은 오랜 독재와 내전으로 망가질 대로 망가진 시리아를 되살려내기 위해 국제사회와의 관계 개선에 적극 나서며 긍정적인 변화를 모색하고 있는 중입니다. 2025년 5월 트럼프 대통령은 알샤라

 영화로 배우는 세계

임시 대통령을 직접 만났고, 6월에는 그동안 미국 정부가
부과했던 시리아 제재 대부분을 해제하는 파격적인 조치를
취했습니다.

약 반세기 동안 시리아를 통치했던 알아사드 부자의
독재는 이렇게 하여 역사 속으로 사라졌습니다. 그렇다면
시리아 민주화 시위는 과연 성공한 것일까요? 아쉽게도 절
반의 성공이라고 말할 수밖에 없을 듯합니다. 알아사드 정
권은 사라졌지만, 시민사회의 힘으로 이룩한 변화는 아니
었기 때문입니다. 시리아가 과연 민주주의 국가로 발돋움
할 수 있을지 관심을 가지고 지켜봅시다.

아일란 쿠르디를 아시나요?

2015년 9월 2일, 한 장의 사진이 전 세계에 크나큰 충
격을 던졌습니다. 튀르키예의 휴양지 보드럼 해변에 어린
남자아이가 엎드려 잠자는 듯한 모습을 찍은 사진이었습

니다.

　아이의 이름은 아일란 쿠르디. 그도 〈사마에게〉의 사마처럼 시리아 내전 중에 태어났어요. 세 살 난 쿠르디는 가족과 함께 시리아를 탈출해 소형 보트를 타고 지중해를 건너 유럽으로 가려다가, 배가 뒤집히는 바람에 바다에 빠져 목숨을 잃었습니다. 엄마, 형 갈립도 함께 숨졌지요. 파란색 반바지에 빨간색 셔츠를 입은 채 바닷가에 엎드려 있는 쿠르디의 작은 시신은 시리아 내전의 참상과 난민들의 비극을 단적으로 보여주는 상징이 됐습니다.

　내전이 일어나기 전 시리아 인구는 약 2400만 명이었습니다. 내전 기간 동안 약 51만 명이 숨졌고, 약 12만 명이 살던 터전을 잃었습니다. 1300만 명 이상이 난민 신세가 됐고, 그중 약 680만 명이 해외를 떠돌고 있는 것으로 추정됩니다. 이웃 나라인 요르단과 튀르키예로 피신한 시리아인이 최소 350만 명에 달하며, 지중해를 건너 멀리 유럽으로 향하는 이도 많았습니다. 그중 한 사람이 바로 튀르키예 해변에 시신으로 도착한 아일린 쿠르디였습니다.

　국제이주기구IOM에 따르면, 2015년 한 해에만 지중해를 건너려다 목숨을 잃은 난민이 3700여 명에 달했습니다.

* * *

2015년 튀르키예 해변에서 발견된 시리아 난민 소년 아일란 쿠르디를 추모하는 벽화. 독일 프랑크푸르트 마인강 변의 한쪽 벽에 그려진 것이다.

그중 200여 명이 쿠르디 같은 어린이들이라고 합니다.

쿠르디 사건을 계기로 세계 곳곳에서 인도주의적 차원에서 난민들을 받아들여야 한다는 목소리가 높아졌어요. 실제로 유럽은 약 170만 명을 수용했습니다. 그러나 대규모 난민 유입을 우려하는 목소리가 높아지며 유럽 각국에서는 반난민 정서가 고조됐고, 극우 정당들이 급성장하면서 유럽의 정치 지형을 바꿔놓기도 했습니다. 우리나라에 들어와 있는 시리아 난민은 수백 명으로 추정됩니다.

'아랍의 봄'은 실패했나?

되돌아보면 2010년 말 튀니지에서 시작된 '아랍의 봄'은 그리 성공적인 결과를 이룩하지 못했습니다. 그나마 '모범생'이라고 할 수 있는 튀니지만이 시민들의 힘으로 평화적인 정치 변화를 이뤘을 뿐이지요. 이집트에서는 민선 정부가 군사 쿠데타로 밀려났고, 리비아와 예멘은 극도의 혼란 속에서 나라가 두 쪽으로 나뉘었으며, 시리아에서는 혹독한 내전을 거쳐 무장 반군 조직에 의해 정권이 교체됐습니다.

심지어 튀니지조차도 최근 정치적 갈등이 크게 고조돼 민주주의 정치 체제가 위기를 맞고 있다는 지적이 나옵니다. 2026년 현재 튀니지 대통령은 법학자 출신의 카이스 사이에드입니다. 그는 부패 척결을 내세워 행정부와 입법부, 사법부 기능을 사실상 정지시키고 대통령의 권한을 대폭 강화해 비판을 받고 있습니다.

이 같은 상황 때문에 '아랍의 봄'은 튀니지를 제외하고 실패했다는 평가를 받고 있습니다. 그렇다면 왜 실패했을까요? 원인으로는 여러 가지 요인들이 있지만, 그중 한 가지는 각 국가마다 처한 정치적 사회적 또는 종교적 상황이 달랐다는 점입니다.

시민이 주도한 민주화 혁명은 튀니지와 이집트뿐이었으며, 리비아는 부족 전쟁, 예멘은 종파 분쟁의 성격이 강했습니다. 시민사회와 대안 정당이 제대로 자리 잡지 못한 상태에서 민주화 시위와 독재 권력 붕괴가 일어나다 보니 극도의 혼란이 벌어질 수밖에 없었다는 지적도 있습니다. 리비아, 예멘, 시리아 경우는 외세 개입으로 상황이 더욱 악화됐다는 공통점도 있습니다.

그렇다고 해서 '아랍의 봄'이 아무런 의미가 없었다고 말할 수는 없습니다. 결과는 그리 좋지 않았지만 자유와 민주주의를 깨우치는 계기가 됐고, 장기 독재 체제를 무너뜨렸다는 점에는 분명 성과가 있었기 때문입니다. 진정한 '제2의 아랍의 봄'이 찾아올지 지켜봅시다.

〈마리우폴에서의 20일〉과 '우크라이나 전쟁'

감독 : 므스티슬라우 체르노우

장르 : 다큐멘터리 영화

상영시간 : 1시간 34분

등급 : 15세

　　므스티슬라우 체르노우는 미국 뉴스 통신사 AP의 우크라이나 지국에서 일하는 영상취재 기자입니다. 2022년 2월 24일, 체르노우는 동료들과 함께 항구도시 마리우폴에 있었습니다. 며칠 전부터 블라디미르 푸틴 러시아 대통령이 우크라이나 침공을 단행할 수도 있다는 소문이 돌면서 마리우폴 시민들은 불안에 떨어왔지요.

　　그리고 불안은 곧 현실이 됐습니다. 러시아군이 마리우폴을 폭격하기 시작했고, 거리에 러시아군의 탱크가 모습을 드러낸 겁니다. 시민들은 우왕좌왕합니다. 살던 집이 폭격에 불타버렸지만, 어디로 피신해야 좋을지 알 수 없습니다. 러시아 군의 폭탄은 출산을 앞둔 임산부들이 입원해 있는 병원에도 떨어집니다.

〈마리우폴에서의 20일〉은 우크라이나 전쟁 초기에 러시아 군에 의해 봉쇄된 마리우폴에서 지옥으로 변해버린 도시와 사람들의 고통을 생생하게 보여줍니다. 폭격에 부모를 잃은 아이들을 바라보며 체르노우는 수도 키이우에 있는 자신의 아이들을 생각합니다. 그래도 카메라를 손에서 내려놓을 수는 없습니다. 마리우폴의 상황을 기록하고, 알려야 하는 게 기자로서 자신과 동료들의 임무이니까요.

체르노우 팀이 보도한 병원 폭격 뉴스는 미국을 비롯해 전 세계에서 큰 반향을 일으킵니다. 하지만 러시아 정부는 '가짜 뉴스'라고 일축했어요. 인터넷이 끊기고 취재한 영상을 더 이상 전송하기 어려워지자, 시민들과 정부 군인들은 체르노우 팀에게 제안합니다. "방송에 내보내지 못한 취재 영상들을 가지고 이곳을 탈출하세요. 마리우폴에서, 우크라이나에서 무슨 일이 일어나고 있는지 꼭 세상에 알려주세요."

체르노우 팀이 취재한 마리우폴 영상들은 민간인을 무차별하게 폭격한 러시아군의 만행을 세상에 알리는 데 큰 공헌을 했습니다. 취재 영상들을 토대로 만들어진 〈마리우폴에서의 20일〉은 2023년 유엔 총회 개막식에서 상영됐으며, 2004년 미국 아카데미상의 장편 다큐멘터리 부문을 수상했습니다.

 영화로 배우는 세계

마리우폴은 우크라이나 동남부의 아조프해 연안에 있는 항구도시입니다. 이곳을 통해 많은 곡물과 석탄, 철강 등이 해외로 수출되기 때문에 마리우폴은 우크라이나 경제에 중요한 곳이지요. 2022년 2월 24일 러시아가 이웃한 우크라이나에 무차별 폭격을 퍼부으며 전쟁을 시작하자마자 마리우폴은 최대 격전지가 됐습니다.

러시아가 마리우폴을 손에 넣기 위해 총력을 기울인 이유는, 이곳이 지정학적으로 매우 중요한 위치에 있기 때문입니다. 마리우폴은 크림반도(우크라이나어로는 크름반도)와 친러시아 반군 세력이 점령한 돈바스(도네츠크주와 루한스크주) 지역을 연결하는 유일한 육로였습니다. 크림반도는 이미 2014년 러시아에 합병됐고, 돈바스 지역도 사실상 러시아 손 안에 들어온 상태였기 때문에, 만약 마리우폴을 점령하게 되면 러시아군이 우크라이나 깊숙이 밀고 들어갈 수 있는 '군사적 통로'가 만들어지게 되는 것이지요.

러시아군은 마리우폴에 그야말로 폭탄을 쏟아부었습니다. 하지만 마리우폴은 항복을 거부하며 버텼지요. 건물들이 무너져 폐허가 되다시피 한 거리에는 수많은 시신이 나뒹굴고, 살아남은 사람들은 눈을 녹인 물로 허기진 배를

* * *

2022년 3월 9일 러시아가 마리우폴 아동 병원과 산부인과 병원을 포격한 후의 모습. 마리우폴은 크림반도와 돈바스 지역을 연결하는 유일한 육로이기에, 러시아는 마리우폴에 항복을 요구하며 전방위적인 공격을 가했다.

채우며 버텼습니다.

3월 20일, 러시아군은 최후통첩을 보냈습니다. "21일 오전 5시까지 모든 무기를 버리고 마리우폴을 넘기면, 민간인들이 대피할 수 있도록 통로를 개방해주겠다." 그러나 마리우폴시는 또다시 항복을 거부했습니다. "시간 낭비하지 말고 인도주의적 대피 통로를 즉시 열어라. 우리는 최후의 1인까지 싸울 것이다." 그러자 러시아 육해공군이 마리우폴 내에 살아 있는 모든 생명을 죽이려는 듯 전방위 공격

 영화로 배우는 세계

을 퍼부었습니다.

영화 〈마리우폴〉은 이런 끔찍한 상황들이 벌어졌던 20일간의 기록입니다. 첨단 문명이 발달한 21세기에 어떻게 이런 일이 벌어질 수 있을까요?

5월 17일, 러시아에 맞서 처절하게 싸웠던 마리우폴은 결국 항복했습니다. 폭격이 시작된 지 약 두 달 반 만이었습니다. 이 기간 동안 마리우폴의 건물 90퍼센트가 파괴됐고, 민간인을 포함해 최대 8만 8000여 명이 사망한 것으로 추정됩니다. 2026년 현재 전쟁은 계속되고 있습니다. 러시아는 4년 넘게 마리우폴을 점령 중입니다.

우크라이나와 러시아는 한 나라?

우크라이나는 러시아와 국경을 맞대고 있는 나라입니다. 북쪽으로는 벨라루스가 있고, 남쪽에는 흑해와 아조프해가 있지요. 서쪽으로는 폴란드, 슬로바키아, 헝가리, 루마니아, 몰도바와 국경을 맞대고 있습니다. 유럽 지도를 보면 동유럽 지역의 끝자락에 있어요.

역사적으로 서유럽 사람들은 우크라이나를 거쳐 러시아와 중앙아시아로 나아갔고, 러시아와 중앙아시아 사람들 역시 우크라이나를 통해 유럽으로 갔어요. 그래서 우크라이나는 사람과 물자의 이동에서 중요한 역할을 해왔습니다. 그 점 때문에 많은 침략을 당하기도 했지요.

우크라이나 영토는 한반도의 3.5배 크기입니다. 드넓은 농경지가 발달돼 있어서 '유럽의 빵 바구니'로 불릴 정도로 많은 밀을 생산해 수출하고, 천연가스 등 광물 자원도 풍부하게 보유하고 있습니다. 인구는 우크라이나계가 약 78퍼센트, 러시아계 18퍼센트, 기타 민족으로 구성돼 있습니다.

우크라이나와 러시아는 지리적으로 가깝다 보니 역사적으로 깊은 관계를 맺어왔습니다. 푸틴 대통령을 비롯해 많은 러시아인들은 두 나라의 뿌리가 하나라고 믿고 있습니다. 9세기경 오늘날의 우크라이나에 건립된 '키이우루스(러시아어로 키예프루스)공국'이 훗날 러시아제국으로 발전했다는 겁니다.

 영화로 배우는 세계

우크라이나가 러시아와 하나로 합쳐진 데에는 1654년 페레야슬라프 협약이 결정적인 계기가 됐습니다. 키이우 루스 멸망 후 남아 있던 카자크족 자치국이 폴란드의 침략을 막기 위해 러시아와 맺은 이 협약이 지금의 우크라이나 동남부가 러시아에 귀속되는 결과를 가져온 겁니다. 러시아는 이 협약을 통해 우크라이나와 법적으로 하나의 국가가 됐다고 주장하고 있습니다.

하지만 우크라이나는 단순한 군사동맹에 불과했다며 일축하고 있습니다. 제1차 세계대전으로 러시아제국이 무너지고, 1922년 소비에트사회주의공화국연방(소련)이 탄생하면서 우크라이나는 연방의 일원으로 정식 합병됩니다. 우크라이나는 소련에서 러시아 다음으로 큰 공화국이 됐고요.

소련의 최고 지도자 이오시프 스탈린은 공업화된 사회주의 국가를 만들기 위한 5개년 계획을 실행하면서, 1928~1932년 농촌의 우크라이나인들을 대거 공장 지역으로 이주시켰습니다. 그는 농장 집단화도 추진했는데, 이로 인해 농업 생산량이 급감하면서 1932~1933년 우크라이나에서 대기근이 발생해 많은 사람들이 굶어 죽는 비극이 발생했어요. 우크라이나를 포함해 국제사회는 이를 홀로코스트에 필적할 만한 제노사이드로 평가하고 있습니다.

푸틴 대통령은 우크라이나를 침공하기 이틀 전인 2022년 2월 22일, 대국민 연설에서 러시아에 우크라이나가 어떤 의미인지를 다음과 같이 말했습니다.

"현대 우크라이나는 러시아, 더 정확하게는 볼셰비키, 그러니까 소련에 의해 완전히 창조됐다. 이 과정은 1917년 혁명 직후에 시작됐다. (소련 최고 지도자인) 블라디미르 레닌과 그의 동료들은 러시아의 역사적인 영토 일부를 떼어 내어 분리했다. 스탈린은 폴란드, 루마니아, 헝가리에 속한 땅 일부를 우크라이나에 붙여 줬다. 1954년 (소련 공산당 서기장인) 니키타 흐루쇼프는 (러시아 땅인) 크림반도를 떼어 내 우크라이나에 줬다. 실제로 이것이 오늘날의 우크라이나가 만들어진 일련의 과정이다. 우크라이나는 결코 진정한 국가 지위의 전통을 가진 적이 없었다."

흐루쇼프 소련 공산당 서기장이 자국 땅이었던 크림반도를 우크라이나에 양도한 건 맞습니다. 페레야슬라프 협약 체결 300주년을 기념하고, 러시아와 우크라이나 간의 우호를 표시하기 위한 차원에서 이뤄진 조치였지요. 푸틴

 영화로 배우는 세계

이 2014년 우크라이나의 정치적 혼란을 틈타 크림반도를
전격 점령하고 러시아 영토로 합병해버린 데 대해 러시아
국민 대다수가 찬성한 것도 바로 이런 이유 때문이었고요.
하지만 1954년 당시엔 우크라이나가 이미 소련의 일부분
이었기 때문에 크림반도 이양은 상징적인 조치에 불과했습
니다. 어차피 소련의 영토였으니까요.

　　1991년 소련이 붕괴하고 우크라이나가 독립하면서
크림반도는 우크라이나 영토가 됐어요. 러시아는 1997년
부터 크림반도에 있는 세바스토폴의 항구를 장기 임차해
사용해왔습니다. 세바스토폴 항구는 부동항입니다.

　　겨울에도 얼지 않는 부동항을 확보하는 것은 경제적
으로나 군사적으로 러시아에게 큰 의미가 있어요. 러시아
가 현재 보유한 부동항은 크림반도의 세바스토폴, 유럽 발
트해 연안에 접해 있는 리투아니아와 폴란드 사이의 러시
아 영토 칼리닌그라드, 그리고 극동의 블라디보스토크 등
세 곳뿐입니다. 그러니 세바스토폴 항구가 있는 크림반도
를 잃는다면 러시아가 받을 타격은 클 수밖에 없죠.

　　“우크라이나 땅은 우리가 나눠준 것이며, 우크라이나
라는 나라는 러시아가 만들었다”라는 푸틴의 주장이 과연

옳을까요? 우크라이나와 러시아가 역사적으로 가깝고, 한 때는 하나의 나라였던 적도 있었지만 현재는 엄연히 각각 주권을 가진 독립국가들이잖아요. 한 국가가 다른 한 나라의 주권을 부정하고 침략하는 행위는 국제법상 가장 엄중한 범죄입니다.

친러시아와 친서방으로 갈린 우크라이나

우크라이나는 소련에서 독립한 후 어떻게 됐을까요? 오랜 독립의 꿈을 이뤘으니 자유와 평화, 번영을 누렸을까요?

1989년 독일을 동서로 갈라놓았던 베를린 장벽이 붕괴한 이후 동유럽 공산권 국가들에서는 반공산당, 반소련, 분리 독립 움직임이 폭발적으로 일어났습니다. 1991년 8월 24일 우크라이나 의회가 독립선언법을 채택했고, 같은 해 12월 1일에 실시된 국민투표에서는 전체 유권자의

84.18퍼센트인 3189만 명 중 92.3퍼센트가 우크라이나 독립에 찬성하면서 독립이 가결됐습니다.

우크라이나 독립은 가뜩이나 휘청거리고 있던 소련에 결정타가 됐어요. 불과 20여 일 뒤인 12월 25일 미하일 고르바초프가 소련 대통령직을 공식 사임했습니다. 바로 다음 날인 26일 최고 의결기구인 소련최고회의가 15개 신생 독립국의 독립을 공식 승인했습니다. 이렇게 해서 한때 미국과 함께 세계 최강국이었던 소련은 역사 속으로 사라졌습니다.

독립국가가 된 우크라이나는 희망에 부풀었지만, 현실은 녹록하지 않았습니다. 자본주의 시장경제에 적응하지 못해 경제적으로 이전보다 더 어려워졌고, 러시아에 가까운 동부 지역과 유럽에 가까운 서부 지역 사이에 갈등이 크게 악화한 겁니다. 부패한 관료 및 정치인들과 결탁해 떼돈을 번 부자들이 국정을 농단하는 일도 비일비재했어요.

이런 와중에 2004년 11월 대통령 선거가 치러졌어요. 여당 후보로 동부를 대표하는 친러시아파 빅토르 야누코비치 현직 총리와 서부를 대표한 친서방파 야당 지도자 빅토르 유셴코가 대결했습니다. 유셴코는 야누코비치 총리 정부의 부정부패를 강하게 비판하면서 돌풍을 일으켰어요.

대선 일을 약 두 달 앞둔 9월, 열심히 유세 중이던 유셴코는 갑자기 건강이 악화돼 키이우의 한 병원에 입원했습니다. 병원은 식중독인 듯하다는 진단 결과를 내놓았어요. 하지만 유셴코는 며칠 전 우크라이나 정보기관인 보안국의 이호르 스메쉬코 국장 일행과 저녁 식사를 한 후 갑자기 극심한 복통과 함께 얼굴에 물집이 잡히기 시작했다고 주장했습니다. 즉 스메쉬코 국장 측이 음식에 독극물을 넣어 자신을 암살하려고 한 듯하다는 겁니다.

스메쉬코 측과 야누코비치 후보 측은 말도 안 되는 거짓말이자 모함이라고 일축했고요. 유셴코는 다행히 목숨을 건졌지만, 건강이 많이 나빠졌고 얼굴 전체가 울퉁불퉁해지는 후유증을 겪어야만 했습니다.

이런 와중에 11월 21일 대선 결선투표가 치러집니다. 결과는 어떻게 됐을까요? 야누코비치 득표율 49.46퍼센트, 유셴코 득표율 46.61퍼센트. 즉, 여당 후보 야누코비치가 유셴코를 누르고 대통령에 당선된 겁니다.

그러자 난리가 났습니다. 유셴코 지지자들은 조직적인 부정선거를 주장하며 시위에 나섰어요. 100만 명 이상의

* * *

2004년 11월 대통령 선거가 부정으로 치러진 데 항의하는 우크라이나 시민들. 오렌지색 목도리와 깃발들이 등장해 오렌지 혁명이라고 부른다.

유권자들이 투표권을 인정받지 못했다는 주장이 제기됐고, 국제 감시단도 투표가 민주적으로 이뤄지지 못했다면서 문제를 제기했습니다.

11월 23일과 24일 수도 키이우 중심가 광장에서는 10만 명이 넘는 시민들이 야권의 상징색인 오렌지색 목도리를 두르고 깃발을 흔들며 시위를 벌였어요. 그래서 언론들은 이 시위 사태를 '오렌지 혁명'으로 부르기 시작했습니다. 결국 11월 27일 의회는 대선 결과 무효를 선언했고, 대법원의 판결을 거쳐 대선 재실시가 확정됐습니다.

재실시 대선일(12월 26일)을 14일 앞둔 12월 12일, 오스트리아 수도 빈에서 깜짝 놀랄 만한 뉴스가 전해집니다. 루돌프피너하우스 병원의 미카엘 짐퍼 박사가 유센코 부부와 함께 가진 기자회견에서 "유센코의 혈액 샘플을 분석한 결과, 다이옥신에 의한 약물 중독이란 점에 의심의 여지가 없다"고 발표한 겁니다. 그는 "혈액과 조직에서 다이옥신 오염 정도가 정상 수치보다 1000배나 높게 나타났으며, 조금만 더 양이 많았더라면 사망했을 것"이라고 밝혔습니다.

다이옥신은 몸 안에 경미한 양만 들어와도 복통과 신경계 손상, 피부 질환 등을 일으키며, 양이 많은 경우 폐암 등 각종 암을 일으키고 사망에 이르게 할 수 있는 독극물입니다. 유센코가 지난 9월 병원에 입원했을 당시 겪었던 증상들은 다이옥신에 중독됐을 때 나타나는 증상들과 일치했어요.

병원의 발표는 우크라이나 유권자들의 표심에 큰 영향을 미쳤습니다. 어렵게 다시 치러진 대선에서 유센코는 과반이 넘는 51.99퍼센트를 득표해 대통령에 당선됐습니다.

 영화로 배우는 세계

우크라이나의 고난은 여기서 끝나지 않았습니다. 유
센코 대통령이 임기 내내 정치적 동반자였던 율리아 티모
센코 총리와 갈등을 벌이다가, 그를 해임한 후 정적인 야누
코비치와 손을 잡고 총리에 임명한 겁니다. 이로 인해 인기
가 급락한 유센코 대통령은 2010년 대선 때 1차 투표에서
탈락했고, 2차 투표에서 야누코비치2010~2014가 티모센코를
누르고 4대 대통령에 당선됩니다.

내전의 도화선 된 '유로마이단' 시위

2013년 우크라이나는 또다시 정치적 혼란 속으로 빠
져듭니다. 원인은 야누코비치 대통령의 우유부단한 외교
정책이었습니다. 그는 러시아와 좋은 관계를 유지하는 동
시에 유럽연합EU에도 가입하고 싶어 했어요. EU 가입은 많
은 국민들의 숙원이었지요. 문제는 푸틴 러시아 대통령의
심한 견제와 압박이었습니다. 야누코비치는 EU와 러시아

양쪽의 눈치를 보면서, 이러지도 저러지도 못한 채 시간만 질질 끌었지요.

보다 못한 시민들은 또다시 거리로 나섰습니다. 이번에는 수도 키이우의 독립광장에 매일 모여 하루 속히 EU 가입을 추진하라고 요구했습니다. 언론들은 이 시위를 '유로마이단Euromaidan'이라고 불렀어요. '유럽'을 의미하는 '유로'에 우크라이나어로 '광장'을 뜻하는 '마이단'을 붙인 겁니다.

해를 넘기면서 시위는 폭력적인 양상으로 변해 수십 명이 목숨을 잃었습니다. 지방에서는 시위대가 정부청사를 장악하는 등 내전 양상으로 치달았지요. 2014년 2월에는 시위대가 수도 키이우의 대통령 궁을 점령했고, 의회는 대통령 탄핵을 만장일치로 의결했습니다.

야누코비치는 자신의 정치 기반인 동부 지역으로 도망갔다가 러시아로 망명했어요. 같은 해 5월에 치러진 대통령 선거에서는 사업가 출신으로 경제 관련 부처 장관, 국립은행장 등을 지낸 페트로 포로셴코가 당선됐습니다.

우크라이나에서 이처럼 극심한 혼란이 계속되는 동안 푸틴 러시아 대통령은 국경 근처에 10만 대군을 배치해놓

 영화로 배우는 세계

고 상황을 면밀히 지켜보고 있었습니다. 그러다가 2014년 2월 27일 크림반도 자치정부와 의회를 전격 장악했습니다. 크림반도에는 러시아인이 많이 거주하고 있고, 인구의 60퍼센트 가까이가 러시아계인 곳이에요. 그러니 친러시아 성향이 강할 수밖에 없지요.

같은 해 3월 크림반도 자치정부의 주민투표에서 96.77퍼센트의 지지로 독립이 의결됐고, 뒤이어 러시아는 크림반도를 자국 땅으로 병합했습니다. 크림공화국과 러시아 간의 병합조약이 체결됐습니다. 러시아의 크림 병합 이후에도 우크라이나 동부 루한스크주와 도네츠크주 일대를 가리키는 돈바스 지역에서는 무력 충돌이 계속되다가, 2022년 2월 24일 러시아의 전면 침공 사태로 치닫게 됐습니다.

대통령이 된 코미디언

2026년 현재 우크라이나의 대통령은 볼로디미르 젤렌스키입니다. 2019년 대통령에 당선되기 전까지 그의 직업은 코미디언이었어요. 정치 경험이 전혀 없었던 젤렌스키는 어떻게 해서 우크라이나 국민들을 사로잡아 대통령에 당선됐을까요?

젤렌스키는 1978년 유대계 부모 사이에서 태어났습니다. 아버지는 대학에서 컴퓨터학을 가르치는 교수였고, 어머니는 엔지니어였습니다. 할아버지가 제2차 세계대전 당시 나치 독일에 맞서 싸우다가 전사했으며, 친척 중 일부는 홀로코스트에 희생됐다고 합니다.

명문 키이우국립경제대학교에서 경제학과 법학을 전공한 젤렌스키는 해당 분야로 진출하는 대신 10대 때부터 열정을 가지고 있던 코미디 연기자의 길을 택했습니다. 1997년 코미디 경연대회에서 우승하며 코미디언이 된 그는 '크바르탈95'라는 창작그룹을 조직해 코미디 작품들을 무대에 올렸고, 국내는 물론 러시아 등 각국에서 공연했습

✳ ✳ ✳

우크라이나의 볼로디미르 젤렌스키 대통령.

니다.

2003년부터 젤렌스키는 TV 드라마와 영화, 예능 프로그램에 꾸준히 출연했습니다. 당시에도 그의 코미디는 정치 비판의 수위가 상당히 높고 노골적이어서 여러 차례 방영 금지 처분을 받았다고 합니다. 2006년 우크라이나판 '댄싱 위드 더 스타'에 참가해 우승한 적도 있지요.

유명하기는 했지만 비교적 평범한 연예인이었던 젤렌스키의 삶은 드라마 〈국민의 일꾼〉을 계기로 완전히 달라졌습니다. 우크라이나 전체 인구의 절반에 가까운 약 2000만 명이 드라마를 시청했을 정도로 어마어마한 반향을 일으키자, 국민들의 관심은 자연스럽게 젤렌스키의 정계 진출 여부에 집중됐습니다. 그는 그때마다 부인했지만, 2018년 크바르탈95 관계자 및 드라마 출연진 중 일부가 '국민의 일꾼'당을 창당하면서 결국 정치인의 길을 걷게 됐어요.

2019년 대선 출마 당시 젤렌스키는 드라마 속 바샤 선생님처럼 부정부패 척결, 친서방 외교 정책, 친러시아 동부 돈바스 지역 갈등 해소 등을 핵심 공약으로 내세웠습니다. 그러나 공약을 실천하기 위한 구체적인 계획이 부족하고, 우크라이나 땅이었던 크림반도를 병합해버린 블라디르 푸틴 러시아 대통령을 제대로 상대할 수 있겠느냐는 우려가 많았던 것이 사실입니다. 우크라이나 국내는 물론 국제사회의 시선도 마찬가지였지요.

그러나 젤렌스키는 2019년 3월 31일 치러진 1차 투표에서 5대 대통령 페트로 포로셴코를 30.24퍼센트 대 15.95퍼센트로 눌렀습니다. 4월 21일 2차 투표에서는 73.19퍼센트를 득표해 24.48퍼센트에 머문 포로셴코를 무려 50퍼센트포인트 가까운 격차로 물리치며 6대 대통령

  영화로 배우는 세계

에 당선됐습니다. 1991년 소련에서 분리 독립한 이후 숱한 혼란을 겪으며 정치와 정치인들에게 신물 나고 지쳐 있던 국민들은 무능하고 부패한 특권층을 풍자한 드라마에 울고 웃으며, 주인공 바샤 선생님처럼 엉망진창인 우크라이나를 바꿔주길 바랐던 겁니다.

젤렌스키는 러시아와의 전쟁을 통해 단호한 리더십의 소유자로 재평가받았습니다. 전쟁 발발 초기에 대통령 등 각료들이 수도를 내버리고 도피했다는 가짜 뉴스가 돌았습니다. 젤렌스키는 방송 카메라 앞에 서서 "여기에 총리, 대통령 비서실장, 고문, 그리고 나 대통령이 있다"며 강한 모습을 보였지요.

2026년 현재 4년 넘게 이어지고 있는 러시아와의 전쟁에서 우크라이나는 불리한 상황입니다. 전쟁이 길어지면 길어질수록 군사 강국 러시아가 유리할 수밖에 없습니다. 이런 와중에 도널드 트럼프 미국 대통령은 우크라이나에 대한 군사적, 재정적 지원에 부정적이어서 젤렌스키와 우크라이나 국민들의 애를 태웠습니다. 미국·러시아·우크라이나 3자 종전 협상이 수차례 열렸지만 성과는 사실상 없는 상태입니다.

이 전쟁으로 인한 양국 군인 사상자 수는 130만 명에 이르고, 민간인 사망자는 최대 8만 명, 피난민은 1000만 명이 넘는 것으로 추정(2025년 2월 기준)되고 있습니다. 이는 제2차 세계대전 이후 유럽에서 일어난 전쟁 중 가장 큰 인명 피해 기록입니다.

푸틴의 '역린'은 우크라이나의 나토 가입

'역린逆鱗'이란 단어가 있습니다. 상상 속의 동물인 용의 목에 거꾸로 난 비늘을 의미하지요. 기원전 3세기경에 살았던 철학자 한비자는 자신의 책에서 이런 말을 했습니다. "용은 길들이기만 하면 올라탈 수 있다. 하지만 목에 거꾸로 난 비늘(역린)을 건드리면 용이 크게 노하여 건드린 사람을 죽인다고 한다." 즉, 사람에게는 절대 건드리면 안 되는 부분이 있기 때문에 이를 피해 잘 설득하는 것이 중요하다는 겁니다.

 영화로 배우는 세계

그렇다면 푸틴 대통령의 '역린'은 무엇일까요? 그건 바로 북대서양조약기구NATO입니다. 나토는 유럽과 북미 32개 국이 가입한 군사 동맹체입니다. 제2차 세계대전 후 동유럽에서 소련 등 공산국가들이 세력을 넓히자, 이에 대응하기 위해 1949년에 결성했습니다. 1991년 소련이 붕괴하기 전까지 서방 자유민주주의 진영과 공산 진영 간에 벌어졌던 긴장과 보이지 않는 전쟁을 '냉전'이라고 하는데, 나토는 이 냉전 기간 동안 군사 동맹체로 핵심적인 역할을 했어요.

소련 등 공산권의 붕괴 이후 나토는 한때 냉전의 유물이 되는 듯했지만, 꾸준히 회원국을 늘리며 계속 확대됐어요. 러시아 국경과 가까운 핀란드, 스웨덴, 폴란드, 루마니아, 에스토니아, 라트비아, 리투아니아는 모두 나토 회원국입니다. 러시아 접경 국가들 중 나토에 가입하지 않은 국가는 우크라이나, 벨라루스, 조지아뿐이에요.

우크라이나는 1991년 독립한 이후부터 러시아의 위협을 의식해 나토 가입을 꾸준히 추진해왔습니다. 2019년 2월에는 유럽연합과 나토 가입을 추진하는 내용이 담긴 개정 헌법을 발효하기까지 했지요. 하지만 러시아는 국경을 맞댄 우크라이나의 나토 가입은 자국의 안보를 크게 위협하기 때문에 절대 용인할 수 없다는 입장입니다. 일각에서는 미국이 주도하는 나토의 확장 정책과 군사훈련 강화가 러시아를 자극해 우크라이나 전쟁을 일으키게 만들었다고 주장하기도 합니다.

전쟁이 발발한 후 나토는 군사적으로 직접 개입은 하지 않고 무기 공급 등 다양한 지원을 하고 있습니다. 미국은 당초 우크라이나를 적극 지원하고 나섰지만, 2025년 1월 도널드 트럼프 대통령이 취임한 이후 이전에 비해 소극적인 입장으로 바뀌었습니다.

북한이 러-우크라 전쟁에 개입한 이유

2024년 12월 우크라이나 특수작전군sso은 공격용 무인기(드론)가 찍은 영상을 공개했습니다. 영상 속에서 군인들은 무인기가 다가오자 당황한 듯한 표정으로 바라봅니다. 이들은 무인기를 향해 총을 쏘기도 하고, 도망가다가 넘어지거나 공격을 받아 쓰러지기도 합니다.

그런데 카메라에 가깝게 잡힌 군인들은 분명 동양인이었습니다. 전쟁터는 우크라이나군이 점령한 러시아 남서부 쿠르스크 지역인데, 동양인 군인이 왜 이곳에서 러시아 편이 되어 우크라이나에 맞서 싸우고 있는 것일까요?

이들은 바로 북한 군인이었습니다. 북한은 2024년 10월쯤부터 2025년까지 쿠르스크 전선에 자국의 군인 1만 4000여 명을 파병했으며, 이중 5000명 이상이 전사하거나 부상을 입은 것으로 추정됩니다. 우크라이나 국방부는 2025년 7월 북한이 3만 명 이상을 추가 파병할 가능성이 있다는 보고서를 발표하기도 했지요. 같은 달 세르게이 라브로프 러시아 외무장관은 북한을 방문해 "북한의 영웅적인 장병들이 러시아군과 함께 피와 생명을 바쳐 쿠르스크주를 해방하는 데 기여했다"고 격찬했습니다.

북한은 왜 자국과 아무런 상관이 없는 우크라이나-러시아 전쟁에 자국군을 파병했을까요?

첫 번째 이유로는 보다 밀접해진 북한과 러시아의 관계를 꼽을 수 있습니다. 북한의 김정은 국무위원장은 2024년 6월 평양을 방문한 푸틴 대통령과 '포괄적 전략적 동반자 관계 조약'을 체결했습니다. 조약은 "두 나라 중 한쪽이 어떤 국가 또는 여러 국가들로부터 무력침공을 받아 전쟁 상태에 처하게 되는 경우 지체 없이 군사적 및 기타 원조를 제공한다"는 내용을 담고 있습니다.

그러니까 북한은 이 조약을 근거로 우크라이나와 전쟁을 벌이고 있는 러시아를 위해 자국군을 파병한 겁니다. 오랜 전쟁으로 인적, 물적 자원이 부족한 러시아의 입장에서 북한의 파병은 당연히 크게 반가운 일이 아닐 수 없습니다.

두 번째 이유는 북한의 국제적 위상 강화입니다. 북한은 러시아라는 초강대국과의 밀접한 관계를 통해 국제사회에서 입지를 강화하고 있습니다.

세 번째는 군사적, 경제적 이득입니다. 북한은 쿠르스크 전선에 참전함으로써 드론 등 전쟁 기술을 업그레이드하고 있습니다. 실제로 전문가들은 북한군의 전쟁 능력이 시간이 지날수록 향상됐으며, 러시아의 기술 지원 덕분에 북한산 탄도미사일의 정확도가 높아진 것으로 보고 있습니다. 또 핵추진 잠수함 등 무기 개발을 위한 최첨단 기술을 러시아로부터 제공받을 수도 있어요.

경제적 이득도 큽니다. 한국국방연구원은 보고서를 통

 영화로 배우는 세계

해, 북한이 러-우 전쟁에 대규모로 파병하고 무기를 지원한 대가로 얻은 경제적 이득을 최대 27조 7000억 원으로 평가했습니다. 이는 북한 전 주민이 6년간 먹을 식량을 살 수 있는 금액이라고 분석했습니다.

북한이 이처럼 많은 파병 효과를 얻고 있다니, 이제 우크라이나-러시아 전쟁은 우리나라와 무관하지 않은 전쟁이 된 셈입니다.

〈제로 다크 서티〉와 '아프가니스탄 전쟁'

감독 : 캐서린 비글로

장르 : 극영화

상영시간 : 2시간 37분

등급 : 15세

미국 중앙정보국CIA 정보분석관인 마야는 일명 '블랙사이트Black Site'로 불리는 비밀 기지의 한 창고 안에서 양손이 밧줄에 묶여 있는 남성과 마주합니다. 심한 구타를 당했는지 남성의 얼굴은 검은 멍과 핏자국투성이입니다. 마야는 이런 광경에 익숙하지 않은 듯 충격을 받은 표정이지만 이내 냉정을 찾습니다. 반드시 이 남성에게서 9·11 테러를 일으킨 테러조직 알카에다의 리더 오사마 빈라덴의 행방에 관한 정보를 얻어내야만 하기 때문입니다.

〈제로 다크 서티Zero Dark Thirty〉는 무려 10년 동안 미 정보기관 요원들이 빈라덴을 추적해온 과정을 그린 영화입니다. 마야를 비롯해 요원들은 실패와 좌절을 거듭하던 끝에 빈라덴에 관한 결정적인 정보를 확보하는 데 성공합니다. 아프가니스탄과 가까운 파키스탄 아보타바드의 수상한 저택 안에 빈라덴이 가족과 함께 숨어 있는 듯하다는 정보입니다.

CIA 국장을 비롯해 많은 사람들은 고민스럽습니다. 만약 저택 안에 빈라덴이 없다면? 만약 미국 군인들이 작전에 투입됐다가 죽거나 붙잡히면 어떻게 하지? 그때 마야가 말합니다. "100퍼센트 빈라덴이 그 집 안에 있습니다."

주인공 마야를 비롯해 주요 캐릭터들은 스토리 전개를 위해 만들어진 가상 인물들입니다. 보다 정확하게는 사막의 모래 속에서 씨앗 한 알을 찾는 심정으로 빈라덴을 찾기 위해 헌신한 수많은 CIA 요원들이 합쳐진 캐릭터라고 할 수 있습니다. 영화 속에 등장하는 3중 첩자에 속아 CIA 요원 여섯 명을 포함해 총 아홉 명이 자살폭탄 테러로 사망한 사건, 미 특수부대원들이 빈라덴을 사살하는 작전을 수행하는 장면 등은 모두 실제 일어난 일들입니다.

〈제로 다크 서티〉가 빈라덴이 사망한 지 불과 1년 남짓한 시점에 만들어졌기 때문에, 훗날 확인된 정보들과는 다소 차이가 있고 영화적 재미를 위해 다소 과장됐다는 지적이 있는 것도 사실입니다. 특히 영화에서 상당 부분을 차지하는 '고문' 수사를 둘러싼 논란도 뜨거웠습니다.

 영화로 배우는 세계

〈제로 다크 서티〉는 다급한 목소리의 전화 통화 소리로 시작합니다. 화면은 온통 깜깜한 검은색입니다. 여자가 말합니다. "구급대가 올 수 있는 건가요? 여긴 온통 불길뿐이에요. 너무 뜨거워요. 아, 제발……." 통화가 갑자기 끊긴 후, 화면에는 '2년 뒤'란 자막이 뜹니다. 2년 전에 무슨 일이 일어난 것일까요?

영화 앞부분에 나오는 전화 통화는 2001년 9월 11일 아침 미국 뉴욕의 명물 세계무역센터가 공중 납치당한 여객기 두 대의 충돌 공격을 받은 직후, 건물 안에 있던 여성이 911 구급대 요원에게 구조 요청을 한 실제 통화 내용입니다.

테러범들은 세계무역센터 건물 두 채뿐만 아니라 수도 워싱턴 D.C.의 국방부 건물에도 항공기를 충돌시켰으

＊ ＊ ＊

2001년 9월 11일 알카에다 조직원들에게 공중 납치된 비행기가 충돌한
뒤 불길에 휩싸인 뉴욕의 세계무역센터.

며, 납치한 또 다른 항공기로 백악관이나 국회의사당도 공
격하려 했습니다. 마지막 계획은 납치한 항공기가 인근 펜
실베이니아주 벌판에 추락하는 바람에 실패했지요. 납치범
의 의도를 눈치 챈 탑승객들이 맞서 싸우며 방해하다가 항
공기가 추락한 겁니다. 탑승객들은 모두 사망했습니다.

9·11 테러는 미국뿐만 아니라 전 세계에 크나큰 충격을 던졌습니다. 그동안 세계 곳곳에서 크고 작은 테러가 이어졌지만 미국 본토, 그것도 대도시 뉴욕 한복판에 있는 초고층 건물이 테러범의 무차별적인 공격 목표가 되기는 처음이었기 때문입니다. 인명 피해도 엄청났습니다. 이날 하루 동안에만 약 3000명이 사망하고, 2만 5000여 명이 부상을 입었습니다. 구조에 나섰던 소방관과 경찰 수백 명도 순직했습니다.

테러 발생 직후 곧바로 국제 테러 조직 알카에다의 범행 정황이 속속 드러났습니다. 알카에다의 테러를 '미국에 대한 선전포고'로 받아들인 미국 정부는 곧 '테러와의 전쟁'을 선포하고, 아프가니스탄에 숨어 있는 것으로 추정되는 빈라덴을 당장 인도하라고 탈레반 정권에 요구했습니다. 탈레반이 이를 거부하자, 미국은 결국 2001년 10월 7일 아프가니스탄을 침공했습니다.

영화 제목 〈제로 다크 서티〉는 군사 용어로 '자정에서 30분이 지난 시간'이란 뜻입니다. 실제로 2011년 5월 2일 빈라덴 사살 작전은 파키스탄 현지 시각으로 자정을 넘긴 심야에 진행됐습니다. 좀 더 포괄적으로는 '적과 아군을 구분하기 어려운 가장 어두운 시간 또는 상황', '심리적 암흑 상황'을 의미하기도 합니다.

영화 끝부분에서 마야는 작전을 성공적으로 끝마친 후 미국으로 돌아가는 군용기에 몸을 싣습니다. 홀로 좌석에 앉은 그의 얼굴은 무표정합니다. 어렵기 짝이 없는 작전을 성공시켰다는 만족감, 빈라덴을 죽임으로써 9·11 테러의 복수를 이뤘다는 성취감 대신 두 눈에서는 눈물이 흘러내립니다.

마야는 왜 우는 것일까요? 빈라덴은 사라졌지만 전쟁은 끝나지 않을 것이라고 생각했기 때문일까요? 아니면 자신의 모든 것을 쏟아부었던 지난 시간들이 떠올라 허탈해졌기 때문이었을까요? 오랫동안 가슴에 남는 명장면입니다.

미국 역사상 가장 길었던 전쟁

빈라덴은 어떤 인물이고, 왜 그토록 끔찍한 테러를 저

 영화로 배우는 세계

질렀을까요? 그는 1957년 예멘 출신 사우디아라비아 부호의 일곱 번째 아들로 태어났습니다. 대학 재학 시절부터 이슬람 근본주의에 관심이 많았던 그는 1979년 소련이 아프가니스탄을 침공해 친소련 공산 정권을 세우자 '이슬람 성전', 즉 지하드에 참여했습니다.

1989년 소련이 아프가니스탄에서 물러난 후 빈라덴은 고국으로 돌아가서 미국과 중동 지역의 친미 국가들을 상대로 한 테러를 주도했어요. 미국의 추격을 피해 아프리카 수단에 피신했던 그는 1996년 다시 아프가니스탄에 갔습니다. 강력한 이슬람 근본주의를 내세운 탈레반이 정권을 잡은 그곳에서 그는 국제 테러 네트워크인 알카에다를 구축했고, 2001년에 9·11 테러를 일으켰어요.

'탈레반'은 현지어로 '학생'을 뜻해요. 이슬람교를 창시한 무함마드의 가르침을 배우고 따르는 학생이라는 의미입니다. 탈레반은 샤리아 법을 내세워 남녀 불문하고 일상생활을 극도로 억압했어요. '샤리아'는 '길'을 뜻하며, 이슬람 성법 또는 율법으로 불리기도 합니다. 샤리아 법은 이슬람 경전인 쿠란과 선지자 무함마드의 언행을 기록한 책 『하디스』에서 비롯된 종교적 규율로, 모든 무슬림이 지켜야 할

삶의 규범을 말하지요.

특히 여성에게 적용되는 샤리아 법은 매우 가혹했어요. 탈레반은 성인 여성에게 눈만 빼고 머리부터 발끝까지 모두 가리는 옷인 부르카를 입도록 강요했습니다. 눈 부분도 망사 천으로 되어 있어서, 부르카를 입으면 앞과 옆이 잘 보이지 않아 걷기가 매우 힘들다고 해요.

부르카를 제대로 입지 않고 외출한 여성은 경찰에 끌려가거나 구타를 당하기 일쑤였습니다. 또 여성은 아버지나 남편, 남자 형제나 남자 친척 없이 혼자 외출할 수도 없었지요. 여성은 교육을 받을 기회도 거의 없었습니다. 그런가 하면 탈레반은 이슬람을 제외한 모든 종교를 이단시해, 인류의 유산인 바미얀 석불을 폭파해버리는 만행을 저지르기도 했어요.

2001년 미국의 침공으로 탈레반 정권은 사라졌지만, 전쟁은 끝나지 않았습니다. 아프가니스탄 내 곳곳에서 탈레반이 미군과 다국적군을 상대로 게릴라전을 계속했기 때문입니다. 2011년 빈라덴이 사살된 이후에도 전쟁은 이어졌어요. 미국은 그곳에 친미 정부를 세우고 민주화를 이루려 했지만 쉽지 않았습니다. 친미 정부의 무능과 부패에 실

 영화로 배우는 세계

망해 탈레반에 가입하는 사람들도 있었다고 합니다.

2001년에 시작된 아프가니스탄 전쟁은 2021년 조 바이든 당시 미국 대통령이 "미국 역사상 가장 긴 전쟁을 끝낼 때가 됐다"며 미군 철수 계획을 발표한 지 약 4개월 뒤인 8월 탈레반이 수도 카불을 재장악하면서 끝났습니다. 20년간 이어진 전쟁으로 아프가니스탄 정부군 6만 6000명, 미군 2400명, 민간인 4만 7000여 명이 목숨을 잃었습니다. 난민 신세가 된 아프가니스탄 국민 수가 500만 명에 이르렀고요.

미국이 이 전쟁에 쓴 돈도 엄청났습니다. 공식적으로는 무려 1조 달러지만, 실제로는 2조 달러가 넘는다는 주장도 있어요. 그 많은 희생과 비용을 치렀지만 아프가니스탄은 다시 탈레반의 나라가 됐습니다.

'고문'이냐, '강화된 심문 기술'이냐?

〈제로 다크 서티〉에는 CIA 요원들이 빈라덴의 행방을 알아내기 위해 아랍인 수감자들을 심문하는 장면이 유난히 많이 나옵니다. 수감자들은 대부분 양팔이 묶여 있고, 구타를 당해 얼굴이 퉁퉁 부어 있으며, 온 몸에는 피멍과 상처투성입니다. 하의가 벗겨진 채 심문을 받는 수감자도 있습니다. 영화에서는 고문 장면이 노골적으로 그려지지 않지만, 수감자들이 감옥 안에서 어떤 일을 겪었는지 쉽게 짐작할 수 있지요.

미국 정보기관들은 실제로 아프가니스탄 전쟁 기간 동안 빈라덴은 물론 탈레반, 테러 조직들에 대한 정보를 얻기 위해 고문을 행한 것으로 드러났습니다. 미국은 당시 이라크에서도 전쟁을 벌이고 있었는데, 영화에 등장하듯 아프가니스탄과 이라크 등에 일종의 '비밀 기지'를 만들어, 테러 용의자들을 데려와 조사하며 고문을 가했습니다. 자유와 평화, 민주주의를 대표하는 국가로 평가받아온 미국이 '테러와의 전쟁'을 명분으로 내세워 법을 무시하고 수감자들을 잔인하게 학대하고 고문했다는 사실에 전 세계는 경악했지요.

이 같은 사실은 2003년 인권 단체인 국제앰네스티가 이라크 아부그라이브 교도소 등에서 미군을 비롯한 연합군이 수감자들의 인권을 유린하고 있다고 주장하고 나서면서 본격적으로 알려지기 시작했습니다. 일부 수감자들에게 잠을 잘 수 없게 만드는 고문을 가했는가 하면, 강한 조명과 시끄러운 음악을 계속 틀고, 뜨거운 햇볕 아래 장시간 앉아 있게 하는 등 다양한 방법으로 괴롭혔다는 겁니다. 심한 구타는 물론이고 사나운 군견을 동원해 위협하거나, 옷을 벗겨 굴욕감과 수치심을 느끼게 만드는 고문도 흔하게 행했다고 합니다.

같은 해 말 AP통신이 아부그라이브에서 발생한 대규모 인권 유린에 관한 특집기사를 보도해 다시 한 번 충격을 던졌습니다. 이듬해에는 미국 CBS 방송이 미군 관계자가 알몸의 수감자들을 조롱하는 사진 등을 공개해 큰 파장을 일으켰어요. 특히 두건으로 얼굴이 가려진 남자가 양손에 전선이 연결된 채 조그마한 나무토막 위에 올라서 있는 사진은 '고문 논란'을 대표하는 이미지가 되었습니다. 이 남자

✳ ✳ ✳

2003년 아부그라이브 교도소에서 한 미군이 수감자 위에 앉아 있는 모습. 당시 공개된 사진에는 미군 관계자들이 알몸의 수감자를 조롱하거나 고문을 연상하게 하는 모습 등이 담겨 국제사회에 큰 충격을 주었다.

는 조사관으로부터 나무토막에서 떨어지면 전기가 통해 감전사할 것이란 위협을 당했다고 합니다.

이라크 아부그라이브 교도소는 전쟁 전 독재자 사담 후세인이 자신에게 반대하는 정치범 등을 무단으로 가두고 온갖 학대와 고문을 자행했던 곳으로 악명이 높았던 시설이었습니다. 그런데 후세인을 제거해 이라크의 민주화를 이룩했다고 주장해온 미국이 아부그라이브를 접수해, 테러 용의자들을 조사한다면서 끔찍한 학대를 자행했다는 점에 국제사회는 물론이고 미국 국민들도 경악했지요.

조지 W. 부시 당시 미국 대통령 정부는 '조직적인 고문 허용'을 인정하지 않았습니다. 아부그라이브 등 일부분에서 소수의 정신 나간 군인들이 벌인 '일탈 행위'일 뿐 정부 차원에서 고문을 용인한 적이 없다고 주장했지요. 하지만 이는 사실이 아니었습니다.

언론들의 보도에 따르면, 도널드 럼즈펠드 당시 미국 국방장관은 9·11 테러가 발생한 지 1년이 채 안 된 시점인 2002년 8월부터 2003년 초까지 테러 용의자들에게서 필요한 정보를 얻어내기 위한 방법으로 고문을 사실상 승인하는 여러 문건에 서명했다고 합니다. 당시 국방장관이 승인한 문건을 대통령이 몰랐을 리는 없었겠지요.

일명 '고문 메모'로 불리는 문건에는 장시간 수면 박탈, 압박 자세에서의 구속, 물고문 등 정신적, 신체적 고문 방법들이 열거돼 있습니다. 게다가 "테러와의 전쟁 기간 동안에는 대통령 권한의 광범위한 해석에 따라 법적으로 허용될 수 있다"는 내용이 담겼습니다.

물론 이런 문건에는 '고문'이란 표현은 없습니다. 대신

'강화된 심문 기술Enhanced Interrogation Techniques'이란 애매한 용어를 사용했지요. 특히 미국이 1988년에 가입한 국제협약인 고문방지협약은 미국 내에서만 적용되며, '역외 외국인' 즉 미국 밖에 있는 외국인에는 해당되지 않는다고 해석했습니다. 미국 밖에 있는 이라크, 아프가니스탄 등에서 외국인 테러 용의자들은 고문방지협약의 대상이 아니기 때문에 불법이 아니라는 것이지요.

부시 행정부의 이 같은 입장은 2014년 버락 오바마 대통령 행정부 때 공식적으로 폐기됐습니다. 당시 백악관 국가안보회의는 "잔인하고 비인간적이며 모멸적인 고문과 처우를 금지하는 고문방지협약은 미국 정부 당국이 통제하는 모든 지역에 적용된다"고 발표했어요.

〈제로 다크 서티〉는 2012년 말 미국에서 개봉되자마자 고문 장면 논란에 휘말렸습니다. 영화 속에서 CIA는 가학 행위로 얻은 정보를 기반으로 결국 빈라덴을 사살하는 데 성공합니다. 이를 두고 일각에서는 고문의 필요성을 두둔했다는 비판을 제기했습니다. 빈라덴 사살 작전이 시행된 지 불과 1년 남짓 지난 상황에서 영화를 제작하다 보니 CIA가 제공한 정보에 지나치게 의존했고, CIA의 입장을 대변했다는 지적도 나왔지요. 실제로 CIA는 제작진을 위해 내부 기밀문서 수백 건의 열람을 허용했다고 합니다.

지금, 아프가니스탄은?

2021년 8월 다시 탈레반 정부가 들어선 아프가니스탄은 어떤 상황일까요? 안타깝게도 20년 전 미국의 침공을 받기 전 탈레반 정부 때와 크게 달라지지 않은 듯합니다. 편의를 위해 1996~2001년 통치한 탈레반 정부를 1기, 2021~2026년 현재 탈레반 정부를 2기로 부를게요.

탈레반 2기 정부는 카불을 장악한 후 20년 전과는 다른 "개방적이고 포용적인 정부를 만들겠다"고 공언했지만, 현실은 달랐습니다. 학교 200여 곳을 폐쇄하고, 여성의 중등 교육을 사실상 금지했으며, 부르카를 강요하고, 남성 보호자 없는 외출도 금지했습니다. 도둑질하면 손을 자르는 형벌도 부활했지요. 2024년 말 유엔이 발표한 보고서에 따르면, 아프가니스탄에서는 탈레반 재집권 이후 언론인 256명이 체포 또는 구금됐으며 언론인 고문 등 학대 사건도 130여 건 발생했다고 합니다.

2기 탈레반 정부의 최고 지도자는 하이바툴라 아훈드자다입니다. 1961년생으로 알려진 그는 1996년 탈레반에 들어가 1기 정부 조직에서 활동했다고 합니다. 2016년 탈레반을 이끌던 무함마드 만수르가 미군의 공격으로 사망한 이후 조직의 리더가 된 것으로 전해집니다. 아훈드자다는 국가를 이끄는 최고 지도자가 된 이후에도 공식 석상에 모습을 거의 드러내지 않았으며, 사생활에 대해서도 공개된 정보가 거의 없어요.

2025년 7월 국제형사재판소ICC는 아훈드자다에 대한 체포영장을 발부했습니다. ICC는 1998년 이탈리아 로마에서 열린 유엔UN 전권 외교 사절 회의에서 채택한 '로마규정Rome Statute'을 근거로 2002년 네덜란드 헤이그에 설립됐습니다. 회원국의 집단 학살, 전쟁, 반인도주의, 침략 범죄에 대한 기소권을 갖습니다.

ICC는 국제사법재판소ICJ와 여러모로 다릅니다. ICJ는 유엔 산하 사법기관이지만, ICC는 유엔 산하 기관이 아

 영화로 배우는 세계

니에요. ICJ가 국가 간 분쟁을 법적으로 해결하는 기관이라면, ICC는 국가가 아닌 개인을 심리하죠. 유엔 회원국은 자동으로 ICJ 회원국이 되지만, ICC는 유엔(193국)보다 적은 125국을 회원으로 두고 있어요. 우리나라도 회원국이고, 여러 차례 재판관을 배출한 적이 있습니다. 아프가니스탄은 2003년에 ICC 회원국이 됐지만, 2기 탈레반 정권은 이를 인정하지 않고 있습니다.

ICC는 아프가니스탄의 아훈드자다와 압둘 하킴 하카니 대법원장에 대해 체포영장을 발부한 이유에 대해 "탈레반의 정책을 따르지 않는 여성과 소녀들을 성차별적으로 박해했다고 볼 합리적 근거가 있다"고 밝혔습니다. 그러면서 이들이 교육과 사생활의 권리, 이동·표현·사상·양심·종교의 자유를 심각하게 침해했다고 비판했지요. ICC를 인정하지 않는 탈레반 정부는 체포영장을 "터무니없다"며 무시하고 있습니다.

〈신성한 나무의 씨앗〉으로 본 '이란 반히잡 시위'

감독 : 모하마드 라술로프

장르 : 극영화

상영시간 : 2시간 47분

등급 : 15세

〈신성한 나무의 씨앗The Seed of the Sacred Fig〉은 2022년 이란에서 벌어졌던 히잡 착용 거부 시위를 배경으로, 수도 테헤란에서 살고 있는 한 중산층 가정 내의 갈등과 붕괴, 그리고 새로운 희망을 그린 영화입니다.

이슬람 혁명법원의 수사판사인 아버지와 헌신적인 어머니를 둔 대학생 레즈반과 중학생 사나는 스마트폰으로 음악을 듣고 친구들과 수다 떨기를 좋아하는 자매입니다. 최근 두 사람의 최대 관심사는 수도 테헤란 곳곳에서 벌어지고 있는 히잡 거부 시위와 경찰의 폭력적 진압입니다. 이들은 소셜미디어에 올라오는 진압 현장 동영상을 보면서 경악하고 분노합니다. 또 시위 현장에서 큰 부상을 입고 간신히 빠져나온 레즈반의 동급생 친구를 부모 몰래 도와주려고 애씁니다.

자매의 부모는 아이들이 혹시나 시위에 휘말려들까 봐 노심초사합니다. 아이들의 철없는 행동으로 인해 힘들게 얻은 조사판사직을 잃을까 봐 걱정스럽기도 합니다.

아버지 이만은 가족의 안전을 위해 법원에서 빌린 총 한 자루를 집으로 가져왔다가 잃어버립니다. 분명 집 안에 두었던 총이 감쪽같이 사라진 겁니다. 누가 집안에 침입해 총을 가져간 걸까요? 아니면 딸들이나 아내 나즈메가 몰래 숨긴 걸까요? 총을 둘러싼 불안과 의심은 평범했던 한 가족을 극단적인 상황 속으로 이끌게 됩니다.

이 영화에서 가장 눈길을 끄는 것은 시위 현장 영상들입니다. 이 영상들은 모두 실제 시위 현장에서 촬영한 것들로, 깜짝 놀랄 정도로 생생하고 충격적입니다. 모하마드 라술로프 감독은 정부의 검열을 피해 몰래 이 영화를 촬영했다가 발각돼 8년 징역형을 선고받은 후 해외로 망명했습니다. 영화에 출연한 몇몇 배우들도 해외로 망명했지만, 어머니 나즈메 역의 배우는 이란 탈출에 실패한 후 현재 가택 연금 상태에 있습니다.

〈신성한 나무의 씨앗〉은 2024년 제77회 칸 국제영화제에서 특별상을 수상했습니다.

 영화로 배우는 세계

영화 〈신성한 나무의 씨앗〉에서 '나무'는 '무화과나무'를 가리킵니다. 정확하게는 '덩굴무화과'예요. 라술로프 감독은 수많은 나무들 중 왜 굳이 '덩굴무화과'를 '신성한 나무'로 꼽았을까요? 영화의 핵심 주제인 히잡 거부 시위와 이란의 독특한 신정 체제에 대해 알아보기 전에 덩굴무화과에 대해 먼저 이야기해볼게요.

지구상에서 살아가고 있는 무화과나무는 300종이 넘는다고 합니다. 석가모니가 득도했다고 알려진 보리수도 무화과의 일종이라고 해요. 무화과나무 중에는 줄기를 뻗어 자라는 종류도 있어요. 바로 덩굴무화과이지요.

'교살자 무화과Strangler Fig'란 무시무시한 이름이 붙은 이 착생식물은 숙주 나무를 타고 오르는 독특한 습성이 있습니다. 캄보디아 앙코르와트 사원에서 만날 수 있는 거대한 덩굴나무가 바로 덩굴무화과랍니다. 덩굴무화과는 숙주 나무로부터 영양분을 빼앗지는 않지만, 점점 무성하게 자라 햇볕을 차단하기 때문에 숙주 나무는 결국 죽고 속이 빈 거대한 덩굴만 남기도 합니다. 숙주 나무를 죽인다는 이유로 '교살자'란 별명이 붙게 된 겁니다.

라술로프 감독은 이 영화에서 덩굴무화과를 통해 이란

특유의 이슬람 신정정치 체제를 비판하고자 한 듯합니다. 즉 이슬람 신정정치 체제가 '신성한 종교'의 이름으로 모든 것들을 통제하는 바람에, 마치 교살자 덩굴무화과가 숙주 나무를 죽이듯이 이란 사회를 억압하고 있다고 말하고 있는 것이지요.

사실 덩굴무화과가 '교살자 무화과'로 불리는 것은 생태적으로 부적합한 표현이라고 합니다. 숙주 나무가 말라 죽고 생긴 공간이 또 다른 생명체들의 보금자리가 되면서 생태계에 도움을 주는 역할을 한다는 것이지요. 어쩌면 라술로프 감독은 덩굴무화과가 지금은 이란을 옥죄고 있지만, 무화과의 소중한 씨앗이 결국 이란에 새로운 희망과 미래를 가져다줄 것이란 메시지까지 영화에 담아내고 싶었을지도 모릅니다.

 영화로 배우는 세계

히잡 거부 시위는 왜 일어났나?

2022년 9월 12일, 22세 여성이 가족과 함께 테헤란에 왔다가 히잡을 제대로 쓰지 않았다는 이유로 도덕경찰(가쉬테 에르샤드)에 체포됐습니다. 이란에서 1979년 이슬람 혁명 이후 9세 이상 여성은 공공장소에서 반드시 히잡을 써야 합니다. 그래서 히잡 등 옷차림을 제대로 하고 있는지 단속하는 경찰 조직이 따로 있지요.

체포된 여성의 이름은 지나 마흐사 아미니. 1999년생인 아미니는 이란 내 소수민족인 쿠르드계로, 북서부 코르데스탄주 사케즈에서 가족과 함께 살고 있었습니다. 아미니는 경찰서에서 조사를 받던 중 쓰러져 의식불명 상태가 됐고, 병원으로 옮겨져 사경을 헤매다가 9월 16일에 숨을 거뒀습니다. 경찰은 갑자기 심장마비로 쓰러져 사망했다고 주장했지요.

이는 1987년 서울대학교 학생 박종철이 경찰에 연행돼 각종 고문을 받아 사망했을 때의 상황과 비슷합니다. 당시 치안본부장이 박종철의 사망 원인에 대해 "책상을 탁!

치니까 억! 하고 죽었다"고 어이없는 해명을 했던 것이 생각나네요.

유족들은 아미니가 평소 몸에 아무런 이상이 없었다며 강력히 반발했습니다. 아미니의 사인을 둘러싸고 유족과 경찰 간에 신경전이 벌어지고 있던 중, 경찰들이 구치소로 연행하는 버스 안에서 아미니를 마구 때려 의식불명 상태에 빠뜨렸다는 목격자들의 증언이 나왔습니다. 일부 이란 언론들은 아미니가 머리에 타박상을 입었다고 보도하기도 했고, 아미니가 병원에서 산소마스크를 쓰고 누워 있는 모습을 찍은 사진이 공개되기도 했지요.

아미니의 의문사 소식은 소셜미디어를 타고 테헤란 시민들 사이에서 삽시간에 퍼졌습니다. 아미니가 입원했던 병원 주변에 시위대가 몰려들어 반정부 구호를 외쳤고, 지나가던 자동차들이 경적을 울려 항의 시위에 동참했습니다. 소셜미디어에는 아미니의 죽음에 항의하고 히잡 의무 착용을 비판하는 글들이 쏟아졌습니다.

시위는 테헤란을 비롯해 전국 곳곳으로 번졌고, 시위대는 "독재자에게 죽음을"이라고 외치기도 했습니다. 여성들뿐만 아니라 남성들, 일반 시민들도 시위에 동참했어요.

* * *

아미르카비르공과대학교 학생들의 시위. 아미니의 의문사 소식이 알려지면서 히잡 의무 착용에 항의하는 시위가 이란 곳곳에서 열렸다.

노동자, 중산층, 10대 청소년들도 거리로 나섰지요. 이란에서는 이전에도 히잡 의무 착용에 항의하는 시위가 종종 열렸지만, 이때처럼 사회 각층의 시민들이 적극적으로 동참하기는 처음이었습니다.

심지어 이란 소셜미디어에는 여학생들이 초대 최고 지도자였던 루홀라 호메이니1902~1989와 2대 최고 지도자 알리 하메네이의 사진을 교실 벽에서 떼어내는 영상이 올라

왔다고 합니다. 학생들이 히잡을 벗은 채로 두 전·현 지도자의 사진을 찢어 불태우거나 손가락 욕을 하는 모습도 있다고 해요.

여기서 잠깐, 이란 정부는 왜 여성들에게 히잡 착용을 강요하는 것일까요? 종교적 근거가 있는 요구일까요?

이슬람권에서 여성들이 몸을 가리는 방식은 국가, 지역마다 다 다릅니다. '히잡Hijab'은 얼굴과 상반신은 내놓고 머리카락과 어깨만 가리는 머릿수건 또는 스카프를 말합니다. 머리에 느슨하게 두르는 스카프인 '샤일라Shayla'도 있어요. 박근혜 전 대통령이 2015년 아랍에미리트UAE 수도 아부다비를 방문했을 때 흰색 샤일라를 두른 적이 있었죠. 인도네시아 등 동남아시아의 이슬람 여성들은 히잡을 변형한 '질밥Jilbab'을 착용해요.

머리와 목뿐만 아니라 어깨와 가슴 전체를 덮는 '키마르Khimar'도 있습니다. '차도르Chador'는 얼굴과 손만 빼놓고 머리와 몸 전체를 망토처럼 덮는 겉옷으로, 색깔이 비교적 자유로운 히잡에 비해 대부분 검정색입니다. 이슬람권에서 가장 보수적인 사우디아라비아 여성들이 입지요. 눈만 내놓고 상반신 전체를 가리는 니캅Niqab을 쓰거나, 소매가 달

 영화로 배우는 세계

려 있는 검은색 긴옷 아바야'Abaya'를 입기도 해요. 사우디아라비아 여학생들은 머리에 히잡을 쓰고 몸에는 아바야를 걸치는 게 교복이에요.

아프가니스탄 여성들이 입는 비슷한 종류의 검은 옷은 '부르카Burka'라고 부릅니다. 탈레반 여성 탄압의 상징인 부르카는 얼굴을 포함, 머리끝에서 발끝까지 신체의 모든 부분을 가립니다. 눈 부위에 망사를 덧대기 때문에 이 옷을 입은 여성들은 앞도 제대로 볼 수 없어요.

이슬람 경전 쿠란에는 "믿는 여성들에게 이르니, 시선을 낮추고 순결을 지키며, 밖으로 드러내는 것에는 유혹하는 어떤 것도 보여서는 아니 되며, 가슴을 가리는 머릿수건을 써서 가리라"라는 대목이 있기는 합니다. 하지만 히잡이나 차도르 등을 강요하지는 않았던 셈이죠.

이슬람교 창시자 무함마드는 여성은 물론 남성들도 정숙하게 차려입고 성적으로 방종하지 말 것을 강조했다고 합니다. 그래서 일부 진보 성향 이슬람 학자들은 보수적인 신학자들이 쿠란을 가부장적으로 과도하게 해석해 여성들에게 히잡 등을 강요했다고 지적하기도 합니다.

상황이 심상치 않자 최고 지도자 알리 하메네이의 보

좌관이 유족을 찾아 조문한 뒤 "필요한 조치를 다하겠다"고 약속했습니다. 모하마드 바게르 갈리바프 의회 의장은 "이런 일이 반복되지 않도록 도덕경찰의 단속 방식을 바꿔야 한다"고 비판하기도 했어요. 하지만 침묵을 지키던 하메네이 자신은 공식 석상에서 "이번 폭동은 계획된 것이다. 미국과 이스라엘이 시위를 계획했다. 이란을 불안정하게 만들려는 외국의 음모"라고 주장했어요.

정부는 결국 시위대에 발포까지 하면서 강력 대응에 나섰습니다. 이 과정에서 수십 명이 사망하고, 수천 명이 구속됐지요. 일부 인권 단체들은 사망자 숫자를 최소 150명 이상으로 추정했고, 유엔인권대표사무소OHCHA는 300명 이상이라고 주장했어요. 영화 〈신성한 나무의 씨앗〉에서 나온 것처럼, 혁명법원에서 사형선고를 받고 처형당한 시위자들도 있었습니다.

당국은 인터넷 접속을 차단했지만, 이란 국민들은 새벽 시간에 가상사설망VPN을 연결해 자국 내 움직임을 해외에 알리는 노력을 계속했습니다. 이에 호응하는 해외 지역의 시위도 열기가 뜨거웠지요. 이란 정부에 항의하고, 희생자에게 애도를 나타내는 의미로 자신의 머리카락을 스스로

* * *

이란 시위에 연대를 표하기 위해 호주 멜버른에서 열린 집회. 한 참가자가 아미니의 사진을 들고 있다.

자르는 '삭발 연대 시위'도 벌어졌어요. 프랑스의 유명 배우 마리옹 코티야르, 쥘리에트 비노슈, 이자벨 아자니와 영국의 원로 배우 샬럿 램플링이 "여성, 생명, 자유"를 외치며 자신의 머리카락 중 일부를 직접 자르는 영상을 소셜미디어에 공개하기도 했습니다.

이란 전체를 뒤흔들었던 히잡 거부 시위는 정부의 강력한 진압으로 해를 넘기면서 수그러드는 듯했다가 2023년 9월 아미니 의문사 1주기를 계기로 재점화됐습니다. 이

와중에 이란 의회는 여성의 히잡 착용을 더욱 강력히 강제하기 위해 이슬람 율법에 따른 복장 규정을 어기는 사람에게 최대 10년 징역형을 선고하도록 하는 일명 '히잡과 순결 법안'을 제정했어요.

2025년 현재 이란의 히잡 거부 시위는 다시 수면 아래로 가라앉은 상태입니다. 2024년 대통령에 당선된 중도파 마수드 페제시키안은 히잡 단속 완화를 주장하며, 의회를 통과한 '히잡과 순결 법안'의 시행에 제동을 걸었습니다. 시위를 통해 드러난 이란 국민들의 변화 요구가 과연 현실화될 수 있을지 주목됩니다.

히잡 시위 뒤이은 반정부 시위

히잡 시위가 정부의 강경 진압으로 수그러든 지 약 2년 뒤, 이란 테헤란에서는 이전과 다른 양상의 대규모 시위가 일어났습니다. 히잡 시위의 참가자들이 주로 청년층이었다면, 이번에는 이란 경제의 중심인 중산층이 주도한 시위라는 점에서 의미심장했습니다.

시위가 처음 시작된 곳은 수도 테헤란의 심장부인 그랜드바자르 시장이었습니다. 시장 상인들이 경제난과 살인적인 인플레이션, 그리고 리알화 가치 폭락으로 더 이상 장사를 하지 못하겠다면서 가게 문을 닫고 거리로 쏟아져 나와 시위를 벌인 겁니다. 이 시위가 시장 상인들로부터 시작됐다는 점은 특히 큰 의미를 갖습니다.

상인들은 본래 사회 안정을 원하는 보수층이라고 할 수 있습니다. 장사를 하려면 사회가 안정되어야 하니까요. 그런 사람들이 동참하면서 결정적으로 확산됐습니다. 팔레비 국왕의 부패와 폭압 정치, 미국과의 결탁 등에 분노해 아야톨라 호메이니를 중심으로 이슬람 혁명을 지지했던 상인들이 시위에 나섰다는 점에서, 한국의 1987년 시민혁명에서 중대한 역할을 했던 이른바 '넥타이 부대'를 떠올리게 됩니다.

2025년 12월 28일에 시작된 시위는 해를 넘겨 급격히 규모가 커졌고, 전국 곳곳으로 확산됐습니다. 처음에는 경제적 불만을 표출하던 시위대의 함성은 "(최고 지도자) 하메네이에게 죽음을"이라는 구호까지 외치는 반정부 시위로 격화됐어요.

이란에서는 2017년에도 하산 로하니 당시 대통령 정부의 미온적인 개혁과 경제정책에 대한 항의 시위가 반정부 시위로 확대된 적이 있고, 2019년에는 휘발유 가격의 대폭 인상에 항의하는 시위가 벌어진 적이 있습니다. 이처럼 이란의 경제 위기는 어제오늘의 일이 아니지만, 2025년 하반기에 접어들면서 상황이 급격히 악화됐습니다.

우선 리알화 폭락을 들 수 있는데, 이란 리알화 환율은 2025년 12월 말 1달러당 145만 리알을 돌파하며 화폐가치가 크게 떨어져 사상 최저를 기록했습니다. 6개월 새 리알화 가치가 40퍼센트 이상 떨어졌지요. 이란이 2015년 미국 등 서방 5국과 핵 합의를 타결했을 때 1달러당 3만 2000리알 정도였던 것에 비교하면 4분의 1 수준으로 폭락한 겁니다.

이란의 주요 수입 품목은 곡물, 사료, 기계류, 자동차부품, 전자제품 등인데, 이런 상황에서는 소비자들이 가장값싼 부품이나 전자제품조차 구매하기 어렵습니다. 인플레이션율은 2025년 12월에 전년 같은 기간 대비 42.2퍼센트까지 치솟아 살인적인 수준을 기록했어요. 1980년대 이란-이라크 전쟁 당시에도 연평균 인플레이션은 20퍼센트 수준이었고, 리알화 가치 하락은 연 15퍼센트에 불과했습니다.

경제 상황이 이렇다 보니 이란 인구 약 9000만 명 중 빈곤선 이하에서 생활하는 인구가 60퍼센트에 달했습니다. 이란 사회복지부가 발표한 통계에 따르면, 월 최저임금이 연초 180달러에서 현재 100달러로 떨어져 고기는 이미 사치품이 되었고, 식용유와 닭고기 가격은 두 배로 뛰었다고 합니다.

이란이 이처럼 심각한 경제위기에 처하게 된 원인은 무엇일까요? 미국의 대이란 경제 제재의 영향이 크긴 합니다. 유럽연합도 제재를 단행했고, 특히 유엔이 10여 년 만에 대이란 제재를 복원하기도 했어요. 이처럼 제재로 인해 외환 수급이 장기간 사실상 막히면서 리알화 환율이 폭등하게 된 겁니다.

그런데 지금 이란의 경제위기는 단순히 미국 주도의 제재, 글로벌 경제위기 등으로만 설명할 수 없는 복합적인 면이 있습니다. 우선, 고질적인 부정부패입니다. 알다시피 이란의 주요 사업은 정예부대인 혁명수비대IRGC가 장악하고 있습니다. 혁명수비대를 관할하는 사람은 신정 체제의 최고 지도자이고요.

혁명수비대를 '세계 최대 공기업 재벌'로 부르기도 합니다. 이들은 통신 건설 에너지 운송 무역 등 수많은 기업을 소유하고 있으며, 경제활동 규모가 이란 국내총생산GDP의 최소 20퍼센트, 최대 40퍼센트에 달하는 것으로 추정됩니다. 이란에도 민선 정부가 있지만, 그 권력이나 영향력이 최고 지도자에 범접할 수 없는 수준입니다. 그러다 보니 대통령과 정부가 경제 개혁이나 비리 척결을 하려 해도 사실상 불가능합니다.

이란의 신정 체제를 수호하는 임무를 맡고 있는 혁명수비대는 수많은 사업들을 통해 엄청난 수입을 올리고 있습니다. 미국 재무부와 국무부 자료에 따르면 이란은 레바논의 헤즈볼라, 가자지구의 하마스와 팔레스타인의 이슬람 지하드, 예멘의 후티 반군에 막대한 무기와 자금을 지원해왔습니다. 2025년 첫 10개월 동안 혁명수비대가 헤즈볼라에 이체한 금액만 10억 달러가 넘는다고 합니다. 시리아의 바샤르 알아사드 정권 유지에도 수백억 달러를 쏟아부었

  영화로 배우는 세계

고요.

그랬는데도 2025년 6월 이란은 이스라엘과의 12일 전쟁에서 참담한 패배를 맛보았고, 미국에 의한 핵시설 폭격까지 맞았어요. 이러다 보니 경제난으로 시작된 시위가 부패 척결, 정권 타도로 이어지는 건 자연스러운 수순이었습니다.

최고 지도자 하메네이 등 지도부는 미국과 이스라엘이 반정부 시위를 사주하고 있다고 주장하면서 인터넷과 통신을 전면 차단하고, 경찰과 군인들을 동원해 시위 참가자들에게 총을 쏘며 철저히 진압했습니다. 미국 기반 인권운동가통신HRANA은 6984명이 숨진 것으로 파악했으며, 추가로 1만 1730명의 사망 사례를 확인하고 있다고 밝혔습니다. 사망자 수가 2만 명이 넘는다는 주장도 있습니다.

정부의 강경한 자세와 유혈 진압으로 인한 공포심 때문인지, 1월 중순 이후부터는 시위가 수그러들었어요. 2월 11일에는 마수드 페제시키안 대통령이 테헤란에서 열린 이슬람 혁명 기념행사에서 "1월에 발생한 불행한 사건은 우리나라에 큰 슬픔을 안겼다. 국민 앞에 부끄러움을 느낀다. 이 사태로 피해를 본 모든 사람을 섬겨야 한다. 경찰, 혁명수비대, 바시즈민병대의 순교자들, 그리고 고의든 아니든 속아서 해서는 안 될 행동을 한 모든 이들을 섬기자"고 호소했습니다.

그는 또 "우리는 국민과 대립하려는 것이 아니다. 국민의 목소리에 귀 기울일 준비가 돼 있다. 대통령으로서 모든 부족한 점과 허물을 국민에게 사과한다. 정부는 모든 문제를 해결하기 위해 진지하게 노력을 기울이고 있다"고 강조하기도 했습니다. 과연 이번에는 이란에서 국민이 원하는 변화가 일어날까요?

종교와 정치가 통합된 이란이슬람공화국

이란은 1970년대 말까지만 해도 이슬람권에서 가장 서구화된 국가였어요. 하지만 국왕 팔라비의 부정부패와 인권 탄압 등에 분노한 시민들과 서구화에 반대하는 종교 지도자들이 봉기를 일으키면서 팔라비는 1979년 해외로 망명했지요. 이후 봉기를 이끈 성직자 호메이니와 그의 추종자들이 이슬람의 가치와 이상에 토대를 둔 '이란이슬람공화국'을 세웠어요. 현대 이슬람 역사에서 성직자가 나라를 통치하는 이슬람 공화국이 탄생하기는 이란이 처음입니다.

이란이슬람공화국은 이슬람 법학자의 통치와 민주주의를 조합한 독특한 형태예요. 행정부 수반은 4년마다 국민이 직접 선출하는 대통령이지만, 실질적인 국가원수는 종신직인 최고 지도자입니다. 페르시아어로 '라흐바르 에 모아잠'이라고 해요.

혁명 직후 만든 헌법은 성직자가 최고 지도자직을 맡고, 국가원수이자 군통수권자이며 사법부·입법부·행정부의 상징적 수장을 겸하도록 했어요. 국민이 뽑은 대통령은 행정부의 우두머리일 뿐 최고 지도자가 종교는 물론 국정까지 장악하고 있는 셈이죠. 이란의 1대 최고 지도자는 국부로 추앙받는 호메이니였고, 2대 최고 지도자 알리 하메네이가 1989년부터 재위하다가 2026년 2월 28일 미국과 이스라엘의 폭격으로 사망했습니다.

최고 지도자 하메네이는 어떤 사람이었을까요? 1939

＊　＊　＊

이란의 최고 지도자였던 알리 하메네이. 성직자가 최고 지도자인 이란에서 그는 절대적인 권력을 휘두르다가 2026년 2월 28일 미국과 이스라엘이 쏜 폭탄에 맞아 사망했다.

년 이란 북동부 호라산주의 마흐샤드에서 태어난 하메네이는 1960년대부터 국왕 반대 운동에 참여하면서 호메이니의 최측근이 됐습니다. 혁명 후에는 이슬람공화당 사무총장과 혁명 수비대 차관 등 요직을 지냈어요. 1981년 모하마드알리 라자이 대통령이 폭탄 테러로 살해된 후 대통령에 당선돼 1989년까지 재임했습니다. 폭탄 테러 당시 현장에 있었던 그는 오른팔에 심한 상처를 입기도 했습니다.

최고 지도자의 권력은 엄청납니다. 행정부와 협의해 모든 정책을 결정하고 감독하며, 정예군 혁명 수비대와 준경찰 조직인 바시즈 민병대의 통수권을 가지고 있어요. 국민이 선출한 대통령에 대해 임명권을 갖고, 대법원 판결이나 의회가 재적 3분의 2 찬성으로 탄핵한 대통령의 최종 해임권도 갖고 있어요. 최고 권력기구이자 대선 후보 심사권을 가진 헌법수호위원회Guardian Council 위원 열두 명 중 여섯 명을 임명할 수 있고, 사법부 수장인 대법원장과 국영 언론사 사장 임명권도 있지요.

최고 지도자는 국가지도자운영회의The Assembly of Experts에서 투표로 선출합니다. 이 회의는 국민 직선으로 선출된 이슬람 법학자 86명으로 구성되며, 임기는 8년입니다. 하지만 국가지도자운영회의에 입후보하려면 헌법수호위원회의 사전 심사를 통과해야 하기 때문에 근본적으로 보수 성향이 바뀌기 힘든 구조이죠.

국가지도자운영회의는 최고 지도자를 선출하는 것은 물론 감독하고 해임할 수 있는 권한까지 가지고 있습니다. 하지만 하메네이의 30년 넘은 재임에서 보듯 실제로 이를 행사한 적은 없어요. 최고 지도자가 사망하면 새로운 지도자가 선출될 때까지 대통령, 대법원장, 헌법수호위원회의 이슬람 법학자 3인으로 구성된 운영회의가 직무를 대행합니다.

히잡 거부 시위가 이란 전역을 휩쓸었을 당시, 학자들은 시위의 직접적인 계기는 아미니의 의문사였지만 혁명 후 40년 넘게 이어진 이슬람 통치의 실정과 권력층의 조직적인 부패가 근본적인 원인이라고 지적했지요.

이스라엘과 미국의 연이은 이란 폭격

2025년 6월 13일, 이스라엘이 이란 수도 테헤란을 비롯해 핵시설과 군사기지 등을 전격적으로 폭격했습니다. 이스라엘과 이란은 오랫동안 앙숙 사이였고, 여러 차례 충돌한 적이 있기는 합니다. 하지만 이번처럼 이스라엘이 이란 본토를 공습하기는 처음이었습니다.

이스라엘 측은 이란이 수천 킬로그램에 달하는 농축

우라늄 생산에 노력을 기울인 끝에 단기간에 핵무기를 확보할 수 있게 됐고, 핵폭탄에 적합한 무기 부품 생산도 진전했다는 증거를 확보했기 때문에 공격을 단행하게 됐다고 주장했습니다. 이스라엘은 이란이 가자지구 하마스, 레바논의 헤즈볼라, 예멘의 후티 반군 등을 내세워 자국을 끊임없이 공격하며 국가적 존립을 위협하고 있다고 비난하고 있습니다.

6월 22일에는 미국이 이란의 핵시설 세 곳을 직접 타격함으로써 이스라엘과 이란의 분쟁에 직접 개입했습니다. 공격 목표는 포르도와 나탄즈, 이스파한에 있는 핵시설들이었습니다. 미국의 언론 보도에 따르면, 미주리주 공군 기지에서 발진한 B-2 스텔스 폭격기들은 포르도 지하 깊숙한 곳에 자리 잡은 핵시설을 파괴하기 위해 초대형 폭탄인 '벙커버스터 GBU-57' 열두 발을 투하했습니다. 또 나탄즈에도 벙커버스터 두 발을 투하했고, 이스파한 핵시설에는 토마호크 미사일 30여 발을 발사해 폭파했습니다. 2026년 2월 28일, 미국과 이스라엘은 또다시 이란을 대대적으로 폭격했습니다. 약 6개월 전 핵시설을 폭격 당했을 때만 해도 보복 공격을 상당히 자제하는 듯했던 이란도 이번에는 이스라엘과 중동 각국에 있는 미군 기지들을 향해 탄도미사일을 쏘며 맞대응했습니다. 미국과 이스라엘 대이란 간에 본격적인 전쟁이 터진 겁니다.

미국은 전쟁을 일으키기 전 이란과 핵협상을 벌이고 있었습니다. 협상이 난항이기는 했습니다. 미국은 이란에게 핵시설 세 곳을 모두 해체하고, 핵무기를 만들 수 있는 농축 우라늄을 모두 포기하며, 핵무기를 탑재할 수 있는 탄도미사일 개발도 중단할 것을 요구했습니다. 이란은 농축 우라늄의 농도를 최대한 낮춰 연료로 전환해 되돌릴 수 없게 만들겠다는 제안을 했고요.

트럼프 대통령은 "이란의 협상 방식이 만족스럽지는 않다"면서도 "추가 대화를 해보겠다"며 군사작전보다 일단 협상을 계속해보겠다는 뜻을 나타냈습니다. 국가 간의 이익이 첨예하게 엇갈리는 협상은 일반적으로 수개월 또는 수년이 걸리게 마련입니다. 그런데 트럼프 대통령이 갑자기 협상을 일방적으로 중단하며 이란을 공격하고 나서자 전 세계는 큰 충격을 받았어요.

트럼프 대통령은 협상 대신 전쟁을 택한 데 대해 "이란이 곧 미국을 타격할 수 있는 장거리 미사일을 갖게 된다",

 영화로 배우는 세계

“이란의 미군 시설 공격이 임박했다는 정보가 있었다”, “이란 국민의 자유를 위해 공격했다” 등의 이유들을 내놓았습니다. 심지어 “이란이 2020년과 2024년 미국 대선에 개입해 나의 당선을 막으려 했다”는 확인되지 않은 주장을 하기도 했어요.

미국과 이스라엘이 폭격을 시작한 첫날, 최고지도자 하메네이는 테헤란 집무실에서 열리는 회의에 참석했다가 폭탄을 맞아 사망했습니다. 40여 명의 핵심 참모들도 함께 목숨을 잃었어요. 보도에 따르면 미국 CIA는 하메네이와 지도부의 움직임을 면밀히 추적해왔고, 트럼프 대통령은 지난 수개월간 지하 벙커 등에 은신해왔던 하메네이가 2월 28일 토요일 아침에 열리는 회의에 참석한다는 정보를 근거로 하메네이 제거를 단행하기로 결심했다고 합니다.

‘장대한 분노Epic Fury’로 명명된 미국과 이스라엘의 군사작전으로 초반에만 이란에서는 1000여 곳이 파괴되고, 1500명 이상이 목숨을 잃는 큰 피해를 입었습니다. 이 전쟁이 향후 이란은 물론 전 세계에 어떤 영향을 미칠지 주목됩니다.

〈가베나움〉과
'청소년 인권'

감독 : 나딘 바라키

장르 : 극영화

상영시간 : 2시간 6분

등급 : 15세

자인은 레바논의 작은 도시 가버나움Capernaum의 빈민촌에서 사는 12세 소년입니다. 제대로 먹지 못해서인지 12세 치고는 작고 삐쩍 마른 몸집이지만, 어려서부터 스스로 살아가는 법을 터득해 생존력이 남다릅니다. 자인은 거리에서 주스 장사를 하고, 가게에서 잔심부름을 하며 돈을 법니다. 물건을 슬쩍 훔쳐 집으로 가져갈 때도 있어요. 어른들을 상대로 싸울 때는 한 치도 물러서지 않지만, 어린 동생들을 잘 챙기는 살가운 오빠이자 형이지요. 이 정도면 실질적인 가장이라고 해도 될 정도입니다.

반면에 자인의 엄마 아빠는 막장 부모 그 자체입니다. 무능한 데다가 책임감이라곤 눈곱만큼도 없는 이들은 자인을 비롯해 자식들을 사실상 방치하고 학대합니다. 학교에 보내지도 않아요. 먹고 살기도 바쁜데 가르칠 여유가 어디 있냐는 겁니다. 심지어 출생 신고도 하지 않아서, 아이들은 이 세상에 태어났다는 기록이 없어요.

자인의 꿈은 이런 부모로부터 벗어나 외국으로 이민을 떠나는 것입니다. 하지만 출생 기록이 없으니 그것도 불가능합니다. 반항하는 자인에게 아빠는 이렇게 말합니다. "(돈 없는) 우리는 그저 벌레야. 기생충이라고." 이게 아빠가 자식에게 할 말인가요?

하루하루를 겨우 버티며 살아오던 자인에게 어느 날 충격적인 일이 벌어집니다. 자신보다 한 살 어린 여동생 사하르가 나이 많은 남자와 강제로 결혼하게 됐기 때문입니다. 엄마 아빠가 불과 11세인 딸을 돈 많은 그 남자에게 팔아버린 겁니다. 분노한 자인은 결국 엄청난 일을 저지르고, 이 사건은 레바논 사회 전체에 큰 파문을 불러일으킵니다.

〈가버나움〉은 내용 자체도 충격적이지만, 주인공 자인을 비롯해 출연자 대부분이 연기 경력이 없는 보통 사람들임에도 실감나는 연기를 보여주고 있다는 점에서 놀라운 영화입니다. 자인 역을 연기한 자인 알 라피아는 시리아 난민으로, 레바논 빈민촌 거리를 전전하다가 감독의 눈에 띄어 출연하게 됐습니다. 특히 자인 역시 출생 기록이 없었다고 합니다.

다른 어린이들을 비롯해 주요 배역 출연자들도 난민촌, 길거리 등에서 캐스팅됐다고 해요. 자인이 재판받는 장면에 등장하는 변호사는 영화를 만든 나딘 바라키 감독입니다. 감독은 열악한 환경에 처한 사람들의 삶을 생생하게 담기 위해서, 배우들에게 상황만 알려주고 스스로 자연스럽게 대사를 하도록 유도하는 방식으로 이 영화를 찍었습니다. 그래서 극영화라기보다는 다큐멘터리와 비슷한 느낌이 듭니다.

세상에서 버려진 아이들을 통해 청소년 인권 문제를 제기한 〈가버나움〉은 2018년 칸 국제영화제에서 심사위원상을 받는 등 평론가와 관객들에게 좋은 평가를 받았습니다.

"엄마 아빠를 고소하고 싶어요. 나를 태어나게 했으니까요."

여동생을 죽게 만든 남자를 칼로 찌른 죄로 법정에 선 자인은 판사에게 위와 같이 말합니다. "원하는 게 있나요?"라는 판사의 질문에는 이렇게 답합니다. "부모가 더 이상 아이를 낳지 못하게 해주세요."

하지만 자인의 엄마 아빠는 판사 앞에서 변명하기 급

급합니다. "딸의 행복을 위해 결혼시킨 거지 팔아버린 게 아니에요. 결혼하면 최소한 침대에서 잘 수 있고, 밥은 먹을 수 있으니까요." 그리고 이런 말도 합니다. "나처럼 살아봤어요? 먹을 게 없어서 자식들에게 설탕물을 주는 심정을 이해할 수 있나요? 누구도 나를 비난할 수는 없어요."

자인의 부모가 너무나 가난한 건 맞아요. 하지만 가난 속에서도 살아가려고 노력하는 것과 가난하다는 이유로 무책임하게 아이들을 방치해 사실상 학대하는 것은 엄연히 다릅니다. 자인의 부모는 후자의 경우이지요.

영화 〈가버나움〉은 가난과 무지가 아이들에게 미치는 비극적인 영향을 생생하게 그리는 작품입니다. 우리는 지금 이 순간에도 고통을 겪고 있는 아이들을 위해 무슨 일을 할 수 있을까요?

감독과 제작진은 영화 개봉 후 '가버나움 재단'을 만들어 자인을 비롯한 아이들이 새로운 삶을 살 수 있도록 꾸준히 돕고 있습니다. 자인은 재단의 도움으로 출생 신고서를 가지게 됐고, 가족과 함께 노르웨이에 정착했습니다. 다른 아이들도 학교에 다니고 있다고 합니다. 영화가 우리나라에서 개봉했을 때 흥행 수익금 일부와 모금액이 재단에 전

달됐습니다.

레바논은 어떤 나라?

〈가버나움〉을 보면서 가장 먼저 떠오르는 궁금증은 아마도 영화의 배경이 되는 레바논일 겁니다. 이 영화를 계기로 레바논이 어떤 나라인지 알아볼까요?

레바논은 지중해 동쪽 끝에 있는 국가입니다. 지역적으로는 중동에 속하지요. 동쪽으로는 시리아가 있고, 남쪽으로는 이스라엘과 국경을 맞대고 있습니다. 튀르키예, 이집트와도 비교적 가까운 거리에 있습니다.

레바논은 우리나라 경상남도와 비슷한 크기의 작은 국가이지만, 지중해와 접한 좋은 위치 덕분에 오래전부터 무역항으로 발전했습니다. 유럽과 중동을 잇는 지점에 있다 보니 여러 나라 사람들이 많이 오가는 곳으로도 유명했지요. 그래서 수도 베이루트는 한때 '중동의 파리'로 불릴 정도로 세련된 문화를 자랑했습니다.

레바논의 가장 큰 특징은 중동 국가이지만 매우 다양한 종교를 가지고 있다는 점입니다. 수십여 종의 종파들이 활동하고 있지요. 가장 인구가 많은 종교는 역시 이슬람에서 수니파와 시아파입니다. 전체 인구 중 약 절반이 수니파와 시아파 신도라고 합니다.

다음으로 신도가 많은 마론파는 5세기 시리아 수도자 마론에서 비롯된 기독교의 한 파벌입니다. 로마가톨릭과 정교회 신자도 많습니다. 이 밖에 이슬람 시아파에서 갈려 나온 드루즈파, 알라위파, 이스마일파도 있습니다. 종교가 이렇게 복잡하고 갈등이 심하기 때문에 레바논에서는 의회 의석도 종파별로 엄격하게 할당돼 있습니다.

레바논은 20세기 중반쯤 혹독한 내전을 겪었습니다. 레바논 내전1975~1990이 왜 일어났는지에 대해서는 학설이 분분합니다. 대체적으로는 제2차 세계대전 이후의 정치 불안과 팔레스타인 난민 유입에 따른 종족, 종교적 갈등 등이 원인으로 꼽힙니다. 15년간 이어진 내전으로 약 12만 명이 사망하고, 100만 이상이 난민 신세가 된 것으로 추정됩니다.

 영화로 배우는 세계

＊ ＊ ＊

레바논 내전 중에 파괴된 베이루트 묘지. 레바논 내전이 일어난 원인은 학설이 다양하지만 정치 불안과 종족, 종교적 갈등 등을 꼽는다.

21세기에도 레바논의 정치적 불안은 계속됐습니다. 2005년 라피크 하리리 전 총리가 폭탄 테러로 암살당하는 충격적인 사건이 일어났어요. 2006년 7월에는 이스라엘이 자국 군인을 납치해간 레바논 남부의 헤즈볼라 세력을 응징하겠다면서 국경을 넘어 침공을 단행해 전쟁이 벌어지기도 했습니다.

헤즈볼라는 이슬람 시아파 계열의 무장 정파로, 레바논 정부군보다 강력한 무력을 가지고 있는 것으로 알려짐니다. 1982년에 설립되었는데, 레바논 등 중동에서 서방 세력 축출, 이스라엘 파괴, 이슬람 공화국 수립 등을 내세우면서 투쟁했습니다. 1990년대 들어서는 정치 세력으로의 변신을 본격적으로 모색해 레바논 의회에 진출하기도 했습니다.

헤즈볼라는 같은 이슬람 시아파를 믿는 이란의 지원을 받아 서방과 이스라엘을 공격해왔습니다. 이 때문에 2025년에는 이스라엘이 레바논을 폭격해 헤즈볼라 최고 지도자 등 지도부와 조직을 사실상 파괴했습니다.

레바논의 정치 체제는 대통령제와 총리제를 결합한 형태입니다. 대통령은 국가원수이기는 하나 대체로 의례적인 역할에 머무르고 있습니다. 국정 운영의 실권은 총리가 갖고 있습니다. 레바논이 종교 갈등으로 내전의 아픔을 겪었던 만큼, 대통령직은 기독교 마론파 출신만이 할 수 있어요. 대신에 총리는 이슬람 수니파, 국회의장직은 이슬람 시아파의 몫입니다. 대통령은 2026년 현재 조제프 아운이며, 총리는 나와프 살람입니다.

영화 〈가버나움〉에는 유난히 난민들이 많이 나옵니다. 아프리카에서 온 난민도 있고, 시리아 등 주변 중동 국가들에서 온 난민들도 있습니다. 이처럼 레바논에 난민이 많은 이유는 2010년경 리비아, 시리아 등에서 벌어진 민주화 시위를 계기로 내전이 발생하면서 난민들이 국경을 넘어 레바논으로 많이 들어왔기 때문입니다. 한때 레바논 내 시리아 난민 수는 약 200만 명이나 됐습니다. 이스라엘의 탄압을 받아온 팔레스타인 난민들도 많지요.

출생 기록이 없는 '보이지 않는 아이들'

"아동은 태어난 즉시 출생 등록이 되어야 하며, 출생 시부터 이름을 갖고 국적을 가질 권리가 있다." 유엔 아동권리협약은 제7조에 위와 같은 권리를 명시해놓고 있습니다. 출생 등록이 중요한 이유는 〈가버나움〉에서 봤듯이, 모든 법적 권리의 기본이기 때문입니다.

'당연한 말 아니야?'라고 생각할지도 모릅니다. 하지만 전 세계에는 출생 신고가 되어 있지 않은 아이, 일명 '그림자 아이’ 또는 ‘보이지 않는 아이’가 의외로 많습니다. 유엔 기구인 유니세프가 2024년 11월 발표한 보고서에 따르면, 지난 5년 동안 5세 미만 아동 5억 명(10명 중 8명꼴)이 출생등록을 해 이전보다 많아지기는 했지만, 5세 미만 아동 1억 5000만 명은 출생 등록이 되어 있지 않았다고 합니다. 출생 신고는 했지만 출생 증명서를 받지 못한 아동도 무려 5000만 명이 된다고 해요.

특히 아프리카 대륙의 사하라 사막 아래쪽에 있는 지역에서는 출생 등록률이 51퍼센트에 불과한 실정입니다. 아동 인구는 증가하는데, 정부의 행정 개선 속도는 느려 터진 탓이에요. 현재와 같은 상황이 이어질 경우 2030년쯤이면 출생 등록을 하지 않은 아이가 1억 명이 넘을 것으로 유니세프는 우려했습니다. 법적으로 보호받지 못하면, 학대나 유기와 같은 범죄 피해를 입을 위험이 클 수밖에 없습니다.

중국은 한때 ‘그림자 아이’ 문제가 심각한 국가였어요. 인구 증가를 막기 위해 1979년에 ‘한 자녀 정책’을 도입했기 때문입니다. 2015년 통계를 보면, 태어나도 법적으로 신고가 불가능해 호적(주민등록증)을 가질 수 없었던 사람이 1300만 명이나 됐습니다. 이런 사람을 중국에서는 '헤이하이즈黑孩子', 즉 '검은 아이들'로 불렀지요.

물론 경제적으로 풍족한 부모는 한 자녀 정책을 위반해 아이를 더 낳았을 경우 벌금을 내고 출생 신고를 할 수 있었습니다. 하지만 벌금을 낼 여유가 없어서 자식의 출생 신고를 포기한 부모도 많았답니다. 호적이 없는 사람은 학교에 다니지 못하고, 정부가 제공하는 의료 서비스도 받지 못하며, 변변한 직장도 가질 수 없었지요.

중국 정부는 2015년 한 자녀 정책을 공식적으로 폐기하면서 헤이하이즈에게 호적을 부여했습니다. 한 자녀 정책을 포기한 것은 저출산 및 고령화로 인구가 감소하고 있기 때문이었어요. 중국의 인구 정책은 '한 자녀 정책1978~2015'에서 '두 자녀 정책2016~2020'으로 바뀌었다가 '세 자녀 정책2021~현재'으로 다시 바뀌었습니다.

2025년에는 만 3세까지 자녀 1인당 매년 3600위안의 보조금을 지급하는 육아보조금 제도도 도입했습니다.

'팔려 간' 9세 소녀, 조혼의 피해자들

2021년 아프가니스탄에 사는 9세 소녀 파르와나 말릭은 선생님이 되고 싶다는 꿈을 가지고 있었습니다. 하지만 끼니를 굶을 정도로 가난한 집안 형편 때문에 그 꿈을 이루기는 어려웠지요.

어느 날 아버지는 딸 파르와나에게 말합니다. "55세 남자에게 너를 팔았으니 결혼해라." 아버지가 남자에게 딸을 팔고 받은 돈은 20만 아프가니, 우리나라 돈으로 환산하면 약 260만 원이었습니다. 아버지는 훗날 언론과의 인터뷰에서 "가족이 여덟 명이다. 파르와나를 팔고 싶지 않았고, 딸에 대한 걱정과 양심의 가책으로 밤잠을 이루지 못했지만, 다른 가족이 살아남으려면 어쩔 수가 없었다"고 변명했습니다.

9세 소녀가 55세 남성에게 신부로 팔려 갔다는 소문이 퍼지면서, 아프가니스탄은 물론 국제사회에서 비난이 쏟아졌습니다. 파르와나를 샀던 남성은 사람들의 손가락질을 피하기 위해 잠적해버렸고, 그 덕분에 파르와나는 2주

만에 집으로 돌아올 수 있었지요. 미국에 본부를 둔 한 자선 단체가 파르와나의 가족에게 도움의 손길을 내밀어, 파르와나와 가족들을 안전한 다른 곳으로 이주시켰다고 합니다.

파르와나는 정말 운이 좋은 소녀입니다. 가난을 이유로 팔린 어린 소녀들이 강제로 결혼해서 성적 학대를 당하거나 출산 중 사망하는 사건이 많이 발생하고 있기 때문입니다. 영화 〈가버나움〉에서도 주인공 자인의 여동생 사하르는 열한 살에 강제로 결혼해야만 했고, 너무 어린 나이에 임신까지 해 결국 목숨을 잃게 되지요.

전 세계 어린이 인권을 위해 일하는 세이브더칠드런은 지난 2024년 발표한 보고서에서 전 세계 어린 소녀 3200만 명이 극도로 취약하거나 취약한 상황에 처한 국가에서 살고 있으며, 30초에 한 명꼴로 조혼 피해를 입고 있다고 밝혔습니다. '취약한 상황에 처한 국가'로는 인도, 아프가니스탄, 예멘, 중앙아프리카공화국, 남수단 등 15개 국가가 꼽혔어요. 이런 나라에 사는 소녀들은 17세 이전에 결혼할 확률이 그렇지 않은 국가의 소녀보다 두 배나 높다고 합니다.

18세 이전에 아이를 낳는 소녀가 55만 8000명이나 된다고 해요. 특히 조혼 풍습이 남아 있는 인도에서는 매년 150만 명의 어린 소녀들이 조혼 피해를 입고 있습니다. 조혼을 거부하다가 '집안 망신'이라는 이유로 부모 손에 살해 당하는 소녀들도 있답니다.

'교육받을 권리'를 잃은 어린이들

2026년 현재 세계 곳곳에서는 크고 작은 전쟁으로 많은 어린이들이 피해를 입고 있습니다. 특히 팔레스타인 가자지구에서는 2023년 10월부터 2년 넘게 이어진 이스라엘과의 전쟁으로 약 7만 5200명(2026년 1월 현재)이 사망한 것으로 추정되는데, 그중 절반이 어린이 사망자입니다. 이스라엘이 가자지구를 장기간 봉쇄하는 바람에 약 90만 명의 어린이들이 굶주림에 시달리고 있고, 7만 명은 극심한 영양실조 상태입니다. 굶어 죽은 어린이 숫자가 약 90명

* * *

난민 캠프에서 생활하는 아이들. 전쟁으로 수많은 아이들이 목숨을 잃고, 학교 교육도 받지 못하고 있다.

이나 됩니다.

우크라이나와 러시아의 전쟁으로 인한 어린이 피해도 매우 큽니다. 2022년 2월 러시아의 우크라이나 침공으로 시작된 이 전쟁이 4년 넘게 계속되면서, 우크라이나 어린이 약 2만 명이 사망하거나 부상을 입었고, 약 400만 명이 교육 차질과 정신적 피해를 겪고 있다고 합니다.

유엔 산하기구인 '교육은 기다릴 수 없다ECW'가 2025년 1월에 발표한 글로벌 보고서에 따르면, 전 세계적으로 분쟁과 빈곤 등의 위기 상황 속에 있는 어린이가 약 2억 3400만 명에 달합니다. 이들 중 학교 교육을 받지 못하는 어린이와 청소년이 약 8500만 명이나 됩니다. 국가별로는 수단, 아프가니스탄, 에티오피아, 민주콩고공화국, 파키스탄이 가장 심각한 상황이라고 합니다.

노벨 평화상 받은 17세 소녀 말랄라

2014년 10월 10일, 노벨 평화상 수상자 발표를 앞두고 전 세계의 관심은 노르웨이 수도 오슬로에 집중됐습니다. 수상자는 파키스탄의 17세 소녀 말랄라 유사프자이. 노벨상 역사상 최연소 수상 기록이었습니다.

말랄라는 파키스탄 북서부에서 학교를 운영하는 부모 사이에서 태어났습니다. 어린이 교육, 특히 여성의 교육에 관심이 많은 부모의 영향으로 말랄라는 열한 살 때부터 교육의 중요성을 주장하는 블로그 활동을 했습니다. 특히 파

* * *

2015년 17세로 노벨 평화상을 수상한 파키스탄의 말랄라 유자이프. 그녀는 여성의 교육받을 권리를 억압하는 탈레반을 비판하며 교육 운동가로 활동하고 있다.

키스탄 일부 지역을 점령한 탈레반 분파 세력이 여학생들을 탄압하는 것을 강하게 비판했어요. 그의 활동은 파키스탄 현지는 물론 국제사회의 관심을 끌었고, 그 덕분에 말랄라는 어린 나이에 유명 인사가 됐지요. 그때부터 말랄라를 겨냥한 탈레반의 위협이 본격화됐습니다.

2012년 10월 9일 말랄라가 버스를 타고 학교에 가던 길이었어요. 한 남자가 다가와 이름을 묻더니, 주머니에서 총을 꺼내 말랄라에게 세 발을 쏘았습니다. 총알 한 발은 말랄라의 이마에 박혔고, 나머지 두 발은 얼굴과 어깨를 각각 관통했어요. 말랄라는 의식을 잃고 중태에 빠졌고, 다행히 상태가 조금 나아지자 영국의 병원으로 이송됐습니다. 기적적으로 의식을 되찾았고 재활치료도 받았지만, 말랄라는 지금도 한쪽 눈을 제대로 깜빡이기 어렵다고 합니다.

탈레반은 국제사회의 엄청난 비난에도 불구하고 "여성에게 세속적인 교육을 하는 것은 이슬람 율법에 어긋난다. 율법을 어기는 자는 누구든지 우리의 공격 대상이 될 것"이라며 말랄라와 가족을 겨냥한 테러를 계속 시도했습니다.

하지만 탈레반의 위협과 암살 시도는 말랄라의 용기를 꺾지 못했습니다. 건강을 회복한 말랄라는 세계 곳곳을 찾아다니며 여성의 교육받을 권리를 억압하는 탈레반을 비판하는 교육 운동가로 변신했습니다. 이런 활동이 평가를 받아 노벨 평화상을 받은 겁니다. 말랄라는 지금도 여성들을 위한 교육 운동을 활발하게 펼치고 있습니다.

 영화로 배우는 세계

6

〈스즈메의 문단속〉과
'동일본 대지진'

감독 : 신카이 마코토

장르 : 애니메이션 영화

상영시간 : 2시간 2분

등급 : 12세

스즈메는 일본 규슈 미야자키현에서 미혼인 이모와 단둘이 살고 있는 씩씩한 여고생입니다. 어느 날 아침 학교에 가기 위해 자전거를 타고 언덕을 내달리던 스즈메는 반대편에서 걸어 올라오는 낯선 청년을 만납니다. 소타란 이름의 청년은 스즈메에게 묻습니다. "이 근처에 폐허가 없니? 문을 찾고 있어."

스즈메는 산 쪽에 쇠락한 온천 리조트가 있다고 알려주고 학교로 향하다가 마음을 바꿔 리조트로 갑니다. 도착해 보니 소타는 없고, 커다란 물웅덩이 한가운데에 낡은 흰색 문이 있습니다. 주저하다가 문을 여는 순간, 스즈메의 눈앞에는 황량

한 리조트 풍경 대신 아름다운 초원이 펼쳐집니다.

학교로 돌아와 창밖을 바라보던 스즈메는 산 쪽에서 검은 연기가 기괴한 형태로 솟아오르더니 마을 전체를 덮을 듯 점점 더 커지는 광경을 목격합니다. 깜짝 놀라 친구들에게 알리지만, 친구들 눈에는 아무것도 보이지 않습니다. 급히 온천 리조트에 가 보니, 소타가 검붉은 기운이 몰아쳐 나오지 못하도록 흰색 문을 닫으려고 사투를 벌이고 있었습니다. 더 이상 버티지 못한 소타는 멀리 튕겨 나가고, 검붉은 기운이 점점 더 커지더니 스즈메가 살고 있는 마을을 덮칩니다.

그 순간 스즈메의 휴대전화에서 요란한 경고음이 울립니다. 지진 발생 경보가 울린 겁니다. 소타와 스즈메가 포기하지 않고 결국 문을 닫는 데 성공하자 지진이 멈춥니다.

소타는 조금 전 일어났던 일에 대해 스즈메에게 설명해줍니다. 검붉은 기운은 미미즈라는 존재이고, 소타 자신은 미미즈가 일으키는 지진을 막기 위해 일본 전역을 돌아다니며 문을 닫는 일을 하고 있다고. 그 말을 들은 스즈메는 갑자기 나타난 장난꾸러기 고양이, 저주에 걸려 세 발 의자로 변한 소타와 함께 미미즈를 막는 모험을 시작합니다.

〈스즈메의 문단속〉은 일본의 대표적인 애니메이션 작가 중 한 사람인 신카이 마코토의 이른바 '재난 3부작' 중 한 편입니다. 2016년 발표한 〈너의 이름은〉은 혜성 충돌, 2019년작 〈날씨의 아이〉는 대홍수, 2022년작 〈스즈메의 문단속〉은 대지진

　　〈스즈메의 문단속〉은 신카이 감독이 2011년 3월 11
일 동일본 대지진(정식 명칭은 '도호쿠 지방 태평양 해역 지진')
이 일어난 지 11년 만에 내놓은 작품입니다. 감독은 대지진
의 상처가 아직도 남아 있어, 관객들이 어떻게 받아들일까
조심스럽다고 밝힌 바 있습니다. 문을 닫아 지진을 막는다
는 영화 속 설정이 황당하기도 하지만, 그렇게 해서라도 엄
청난 재난을 막고 싶은 감독의 마음, 일본인들의 절실한 소
망이 애틋하게 다가오는 작품이지요.

　　영화 속에서 지진을 막기 위한 스즈메 일행의 여정은
일본 열도 남서쪽 미야자키현을 시작으로 에히메현과 고베
를 거쳐 수도 도쿄와 후쿠시마현, 미야기현, 그리고 이와테
현으로 이어집니다. 모두 대지진으로 인해 큰 피해를 입었
던 곳이에요.

미야자키현은 1909년 규모 7.6 지진 등 주기적으로 대형 지진이 일어나는 지역입니다. 귤이 많이 나는 곳으로 유명한 에히메현도 마찬가지입니다. 고베는 1995년 무려 6500여 명의 목숨을 앗아갔던 대지진의 피해를 입은 곳이 지요.

도쿄에서는 1923년 9월 1일 최대 14만 명이 넘는 사상자를 초래했던 일명 '간토 대지진(관동 대지진)'이 발생했습니다. 이때 도쿄를 포함한 일대에서 무고한 조선인들이 학살당했죠. 조선인들이 대지진의 혼란을 틈타 폭탄을 투척하고, 독약을 식수에 풀어 일본인들을 죽이려 하고 있다는 유언비어가 퍼지면서 무차별한 학살이 벌어졌던 겁니다.

후쿠시마현, 미야기현, 이와테현은 모두 2011년 동일본 대지진과 쓰나미 사태가 강타했던 곳입니다. 특히 이와테현의 일부 해안 지역에는 30미터가 넘는 쓰나미가 덮쳤습니다. 동일본 대지진으로 인한 사망자는 약 2만 명, 부상자는 약 6300명이었습니다. 실종자는 약 2600명에 달했고, 약 23만 명이 살던 집을 잃고 이재민이 됐어요. 경제적 피해는 정확한 집계가 사실상 불가능할 정도였습니다.

일본은 왜 지진이 자주 일어날까?

일본에서는 2011년 동일본 대지진 이외에도 크고 작은 지진이 자주 일어납니다. 일본 열도가 지진과 화산 활동이 많이 일어나는 환태평양조산대에 자리 잡고 있기 때문입니다. 태평양을 둘러싸고 고리 모양을 하고 있어서 '불의 고리'라고도 불리지요. 일본 열도는 물론 대만, 필리핀, 인도네시아, 뉴질랜드, 북미와 중남미 대륙의 서쪽도 포함됩니다. 지구상에서 발생하는 모든 지진의 90퍼센트, 큰 규모의 지진 약 80퍼센트가 바로 환태평양조산대에서 발생한다고 하니, 말 그대로 '불의 고리'임에 틀림없는 듯합니다.

지구 표면은 여러 개의 지각판으로 이뤄져 있어요. 지각판은 고정돼 있지 않고 계속 움직이는데, 지각판과 지각판이 충돌하거나 이동하면 지진이 발생하는 겁니다. 환태평양조산대 지역에도 지각판이 여러 개 있는데, 일본 열도는 지각판 네 개(유라시아판, 필리핀판, 태평양판, 북아메리카판)가 만나는 지점에 위치하고 있기 때문에 유독 강진이 자주 발생합니다.

동일본 대지진으로 발생한 쓰나미에 폐허가 된 어촌 마을.

일본 외에 최근 대지진이 발생한 대표적인 국가로는 튀르키예와 이란, 미얀마 등을 꼽을 수 있습니다. 2023년 2월 6일 새벽, 튀르키예 남서부 지역에서 규모 7.8의 강진이 발생하면서 옆 나라 시리아 북서부까지 심각한 피해를 입었어요. 이 지진으로 5만 6000명 이상이 사망하고, 1800만 명 이상이 피해를 입었죠. 이 지진은 아라비아 지각판이 북쪽으로 이동하면서 아나톨리아판과 충돌하며 발생했습니다.

유라시아판과 아라비아판이 충돌하는 지점에 있는 이란은 환태평양조산대 다음으로 지진이 자주 일어나는 곳이에요. 1990년 6월 중북부 길란주의 만질 지역에서 규모 7.7의 강진으로 최대 5만 명이 숨졌습니다. 또 2003년 남동부에 있는 도시인 밤에서 규모 6.6의 지진으로 약 2만 6000명이 목숨을 잃었습니다.

미얀마에서는 2025년 3월 28일 규모 7.7의 지진으로 3706명이 사망했고, 5027명이 부상을 입었으며, 130명이 실종됐어요. 미얀마 역사상 최악의 지진 피해 기록입니다. 이 지진의 충격으로 인접한 태국의 수도 방콕에서는 건설 공사 중이던 30층짜리 건물이 무너지기도 했습니다.

그렇다면 한반도는 과연 지진 안전지대일까요? 전문가들에 따르면 그렇지 않다고 합니다. 2016년 9월 12일 경주 인근에서 규모 5.8의 지진이 일어났고, 2024년 6월 12일 전라북도 부안군 인근에서 규모 4.8의 지진이 일어났습니다. 학계에서는 앞으로 한반도에서 과거보다 지진이 자주 발생할 것으로 내다보고 있습니다. 특히 동일본 대지진의 충격이 한반도 단층에 영향을 미쳐, 최대 규모 6.5~7.0의 지진이 일어날 수도 있다는 겁니다. 특히 일본에서 규모 9.0의 '거대지진'이 발생할 경우 한반도 역시 상당한 피해를 입을 것으로 예상됩니다.

　우리나라는 지진으로 큰 피해를 입은 적이 없는 만큼, 지진 연구가 아직 미흡하고 대비도 부실한 것이 사실입니다. 현재의 과학기술로는 지진이 언제 일어날지 정확한 시점을 예측하기 어려워요. 앞으로 보다 깊이 있는 연구와 지진 충격을 줄일 수 있는 내진 설계 건물의 확대, 피해 대비책 등을 강화할 필요가 있습니다.

동일본 대지진은 왜 일어났을까?

　2011년 3월 11일은 금요일입니다. 일본 국민들은 다가올 주말에 대한 기대감 속에 오후 시간을 보내고 있었습니다. 오후 2시 46분, 갑자기 땅이 출렁이고 솟구치더니 쩍쩍 갈라지고 건물들이 통째로 폭삭 주저앉았습니다. 사람들은 모두 비명을 지르면서 건물 밖으로 쏟아져 나왔지만,

어디로 피신해야 좋을지 몰라 우왕좌왕했습니다. 웬만한 지진에는 익숙한 일본인들이었지만, 이날의 지진 충격은 생전 처음 겪어보는 것이었습니다. 공포의 초강력 진동은 무려 3분 동안 계속됐고, 여진들이 이어졌습니다.

그것으로 끝이 아니었습니다. 거대한 높이의 바닷물이 해안으로 밀려 들어오기 시작했습니다. 해저 지진으로 발생하는 거대한 파도를 지진해일, 일본어로는 '쓰나미'라고 부릅니다. 쓰나미는 파도가 매우 높고 멀리 수백 킬로미터까지 영향을 줄 수 있다는 점에서 강풍으로 생기는 폭풍해일보다 더 위험합니다.

전 세계가 쓰나미의 위험성을 새삼 자각한 계기는 2004년 12월 26일 남아시아 대지진 때였어요. 인도네시아 수마트라섬 인근의 바닷속에서 규모 7.4의 지진이 일어난 후 30미터가 넘는 쓰나미가 해안 지역을 덮쳤습니다.

당시 바닷가에서는 세계 각국의 관광객들이 연말 휴가를 즐기고 있던 중이었어요. 쓰나미가 무엇인지, 왜 위험한지에 대해 한 번도 들어본 적이 없는 사람들이 아마도 대부분이었을 겁니다. 눈 깜짝할 사이에 밀어닥친 쓰나미에 휩쓸려 무려 약 23만 명이 목숨을 잃었습니다. 이는 역사상

* * *

2011년 동일본 대지진으로 발생한 쓰나미.

가장 많은 인명 피해를 낳은 자연재해 기록입니다.

다시 2011년 3월 11일 일본으로 가면, 당시 지진 경험이 많은 일본의 해안가 주민들은 본능적으로 높은 곳을 향해 뛰기 시작했습니다. 다행히 높은 언덕이나 동산 위에 올라가 목숨을 건진 사람들도 있었지만, 무서운 기세로 밀려 들어온 바닷물에 휩쓸려버린 사람들도 많았죠. 눈앞에서 사랑하는 가족이 물속으로 사라져버리는 모습에 절규하는 사람들도 많았습니다. 나무로 지은 집들은 쓸려 나가 온

데간데없어졌고, 자동차들은 둥둥 떠다니다가 집 지붕에 얹혔어요. 항구에 정박해 있던 대형 선박들도 육지로 떠밀려 들어와 처박혔지요.

동일본 대지진은 일본 열도 동북부의 태평양 앞바다에서 일어난 규모 9.0의 거대지진이었습니다. 그 충격으로 일본 열도가 동쪽으로 2.4미터 이동하고, 지구 자전축이 10~25센티미터나 움직였을 정도였어요. 학자들의 연구 결과에 따르면, 북아메리카판이 태평양판을 덮치는 경계부의 유난히 얇고 미끄러운 단층이 대규모로 움직이면서 지진과 거대한 쓰나미가 발생한 것으로 추정됩니다.

동일본 대지진이 발생한 지 시간이 많이 지났지만, 일본은 아직도 그 상처에서 완전히 벗어나지 못하고 있습니다. 영화 〈스즈메의 문단속〉이 개봉 됐을 때 일부 관객들은 눈물을 흘렸고, 차마 더 이상 보지 못하고 자리를 뜬 관객도 많았다고 합니다. 대지진이 일본인들에게 남긴 깊은 트라우마는 지금도 계속되고 있습니다.

쓰나미로 폭발한 후쿠시마 원전

비극은 지진과 쓰나미로 끝나지 않았습니다. 대지진 발생 다음 날인 3월 12일, 쓰나미로 바닷물에 잠긴 후쿠시마 제1핵발전소에서 원자로들이 폭발해 방사성 물질이 대량으로 누출되는 사고가 일어났습니다. 전력 공급이 끊기면서 원전 내부의 핵연료를 식히지 못해 폭발로 이어지고 말았지요. 후쿠시마 원전 사고는 1986년 체르노빌 원전 사고와 함께 국제 원자력 사고 등급의 최고 단계인 7단계로 지정됐습니다.

이 사고로 원전 일대는 죽음의 땅으로 변해버렸습니다. 원자로가 폭발하면서 유출된 방사성 물질로 인해 주변 해역과 육지는 심각하게 오염됐어요. 원전 주변이 금지구역으로 지정되면서 약 18만 명의 주민들 살던 집을 버리고 다른 곳으로 떠나야 했습니다. 후쿠시마 제1원전의 운영사인 도쿄전력은 사고 발생 19일 만에 원자로 1~4호의 복구가 불가능함을 처음 인정하며 영구 폐쇄 방침을 발표했습니다.

＊ ＊ ＊

2011년 3월 발생한 지진과 쓰나미에 파괴된 집 너머로 영구 폐쇄된 후쿠시마 제1핵발전소가 보인다.

원전 사고 뒷수습은 매우 어려운 일입니다. 도쿄전력은 폭발 사고가 일어난 지 13년이 지난 2024년 말에야 사고 원자로 안의 방사선 양을 측정하기 위해 극소량의 핵연료 파편을 꺼내는 데 겨우 성공했어요. 원자로 바닥에는 폭발 사고로 녹아내린 핵연료 잔해가 880톤이나 있는데, 엄청난 양의 방사성 물질 때문에 몇 분만 근처에 있어도 죽을 수 있다고 합니다.

달아오른 원자로를 식히는 데 사용한 바닷물, 원자로

에 흘러 들어간 빗물과 지하수 등의 오염수를 처리하는 일도 까다롭습니다. 2023년부터 도쿄전력은 탱크에 보관해 온 오염수를 희석해 바다로 방류하기 시작했는데, 우리나라는 해양 오염을 우려해 반대하고 있습니다.

우리나라는 2026년 현재까지 후쿠시마 등 8개 현에서 나온 수산물의 수입을 엄격히 금지하고 있습니다. 이에 대해 일본 정부는 안전하다고 주장하면서 수입 재개를 요구하고 있지요. 이처럼 후쿠시마 원전 사고로 인한 양국 간의 갈등은 현재 진행형입니다.

일본 정부는 2050년대 초까지 후쿠시마 원자로 폐쇄 작업을 마무리하겠다는 목표입니다. 하지만 과연 이를 달성할 수 있을지는 불투명합니다. 원자로를 폐쇄하려면 먼저 안에 있는 핵연료 파편을 꺼내야 하는데, 이 작업이 당초 예상했던 것보다 미뤄지고 있기 때문입니다.

도쿄전력은 원자로 3호기 안에 있는 핵연료 파편부터 꺼내겠다는 계획입니다. 그런데 이를 위한 준비에만 12~15년 정도 걸릴 것으로 예상해, 본격적인 작업 개시 시점을 당초 2030년대 초반에서 2037년 이후로 연기했습니다. 핵연료 반출이 늦어지면, 2051년쯤까지 사고 원전 폐

  영화로 배우는 세계

기 작업을 마치겠다는 일본 정부의 계획에도 차질이 빚어질 수밖에 없습니다.

　이런 상황에서 일본은 2025년 7월, 후쿠시마 원전 폭발 사고 이후 14년 만에 처음으로 새로운 원전 건설 프로젝트를 추진해 논란을 불러일으켰습니다. 일본 정부는 전체 전력의 원전 비율을 8.5퍼센트에서 2040년 20퍼센트로 올릴 계획이라고 합니다. 후쿠시마 원전 폭발 사고의 악몽이 아직 사라지지도 않은 데다가 지진이 많이 일어나는 땅에 원전을 건설하는 게 과연 안전한 일일까요?

반드시 일어날 '난카이 해곡 거대지진'

　2025년 7월, 거대지진의 공포가 일본을 다시 덮쳤습니다. 만화가 타츠키 료가 1999년 발표한 만화『내가 본 미래』때문이었어요. 미래를 내다보는 능력을 지녔다고 주장하는 작가는 이 책에서 2025년 7월 5일에 일본에서 초대형 지진이 일어나 엄청난 피해가 발생한다고 예언했습니다.

타츠키는 작가 데뷔 이전부터 예지몽을 자주 꿔왔고, 이를 바탕으로 예언 만화를 그려왔다고 합니다. 특히 2011년 3월 동일본 어디에선가 대지진이 일어난다는 그의 예언이 맞으면서 큰 화제가 됐어요. 그래서 동일본 대지진 수준을 뛰어넘는 대재앙이 일어나는 게 아니냐는 걱정이 일본 내에서 크게 고조됐습니다. 외국에서는 일본 관광을 취소하는 사람이 늘었고요.

공교롭게도 2025년 초부터 일본 곳곳에서는 유난히 지진이 자주 일어나 불안감을 더욱 부채질했습니다. 같은 해 1월 일본 지진조사위원회는 '난카이 트로프Trough, 해곡'에서 규모 8~9의 거대지진이 30년 내에 발생할 확률을 기존 70~80퍼센트에서 '80퍼센트 정도"로 상향 조정했어요. 10년 이내 발생 가능성은 30퍼센트, 20년 이내 발생 가능성은 기존 60퍼센트로 유지했고요.

'난카이 트로프'는 일본 규슈 남쪽의 바다부터 시즈오카의 이즈반도까지 길게 뻗은 해저 협곡을 가리킵니다. 길이는 약 800미터, 깊이는 약 4000미터입니다. 2024년 8

월 규슈 미야자키현에서 규모 7.1의 지진이 발생하면서 난
카이 트로프 대지진의 발생 가능성이 커졌다며 거대지진
주의보에 해당하는 임시정보가 발령됐다가 일주일 만에 해
제된 적도 있어요.

전문가들이 난카이 트로프를 주목하는 이유는 이곳에
서 평균 100~150년 주기로 규모 8~9의 거대지진이 일어
났기 때문입니다. 이곳에서 지진이 일어나면 항상 대형 쓰
나미를 동반하기 때문에 피해가 더 커질 수밖에 없습니다.
게다가 그 충격으로 후지산이 분화할 가능성도 있어요. 실
제로 1707년에 난카이 거대지진이 일어난 지 약 50일 뒤
후지산이 분화한 적이 있답니다. 후지산은 그때 이후 지금
까지 분화한 적이 없습니다.

타츠키의 예언과 달리 7월 5일에는 아무 일도 일어나
지 않았습니다. 그렇다면 난카이 트로프 대지진은 앞으로
없을까요? 그렇지는 않습니다. 시간문제일 뿐이지 언젠가
는 반드시 일어날 일이기 때문입니다. 시간이 지연되면 오
히려 에너지가 축적돼 피해가 더 커질 수도 있다고 합니다.

일본 정부는 난카이 트로프 거대지진 발생 시 최악의
경우 사망자만 32만 명에 이르고, 이재민이 950만 명 발생

하며, 240채 이상의 건물들이 무너질 것으로 예상하고 있습니다. 경제 피해액은 일본 국가 예산의 두 배가 넘는 220조 3000억 엔(약 2011조 원)으로, 2011년 동일본 대지진 피해액의 열 배가 넘을 것으로 예상합니다.

지진 전문가들은 동일본 대지진보다 한반도와 가까운 지점에 있는 난카이 트로프에서 거대지진이 일어나면 한반도 역시 영향을 받아 지진 발생 확률이 이전보다 높아질 것으로 내다보고 있습니다.

 영화로 배우는 세계

7 〈나의 문어 선생님〉과 '해양 환경'

감독 : 크레이그 포스터

장르 : 다큐멘터리

상영시간 : 1시간 30분

등급 : 전체

자연다큐멘터리 전문 영화감독이자 다이버인 크레이그 포스터는 일에 지쳐 고향 남아프리카공화국의 바닷가 마을로 돌아옵니다. 어렸을 때처럼 바닷속에 들어가 헤엄치고, 아름다운 열대어와 해초 숲을 탐험하며 시간을 보내던 그는 어느 날 우연히 독특한 생김새의 생명체와 마주칩니다. 크고 작은 조개들을 온몸에 붙인 문어였습니다. 아마도 상어가 공격할까 봐 조개를 방패로 이용했던 모양입니다. 포스터는 속으로 생각합니다. '대체 이 문어는 뭐지?' 바로 그 순간이 "모든 것의 시작"이었습니다.

다음 날부터 매일 포스터는 꽤 오랫동안 내려놓았던 수중 카메라를 들고 문어가 늘 숨어 지내던 바위틈 구멍 앞을 찾아가 기록하기 시작합니다. 6일째 되는 날 기적 같은 일이 벌어졌습니다. 구멍 안에서 문어가 빼꼼히 머리를 내밀고 포스터를 쳐다보는 것이었습니다. 그 모습은 마치 '아, 또 그 남자가 왔네?'라고 말하는 듯했습니다. 문어는 발 하나를 길게 뻗어 포스터의 손가락을 만지고, 빨판들을 그의 피부에 하나씩 붙여가며 탐색했습니다. 그러더니 결론을 내린 모양입니다. '이 남자는 믿을 만하군.'

그날 이후부터 문어는 남자가 지켜보든 말든 자유롭게 헤엄치고, 먹이를 사냥하고, 두 발로 바닷속 모래 위를 걷는 모습도 보여줍니다. 문어를 카메라에 담기 시작한 지 134일째 되는 날도 평생 잊을 수 없는 날들 중 하루입니다. 문어가 물고기 떼와 장난치며 놀더니 갑자기 포스터 쪽으로 헤엄쳐 와서 와락 가슴에 안기는 겁니다. 문어는 마치 아기처럼 남자의 가슴팍에 한참을 붙어 있었습니다. 문어와 신체 접촉은 그때가 두 번째이자 마지막이었습니다.

〈나의 문어 선생님My Octopus Teache〉은 한 남자가 매일 바닷속에 들어가 문어 한 마리를 기록하는 과정을 담는다는 아주 단순한 스토리를 가진 작품입니다. 그러나 순간순간 울컥한 감정을 들게 만드는 장면들이 많습니다. 그는 말합니다. "아주 특별한 문어를 통해 자연을 배우고, 생존을 위한 노력과 지혜,

자식들을 위한 희생을 배웠습니다. 저는 인생을 배웠습니다. 문어는 나의 선생님이었습니다."

〈나의 문어 선생님〉은 좋은 반응에 힘입어 2021년 미국 아카데미상 장편 다큐멘터리상 등 많은 상을 수상했습니다.

〈나의 문어 선생님〉에는 잊기 힘든 명장면이 많습니다. 문어의 발과 포스터의 손가락이 닿는 순간은 영화 〈E.T.〉에서 주인공 소년 엘리엇과 외계인 ET가 손가락을 맞대며 교감하는 장면을 연상케 합니다.

문어가 천적인 상어에게 발 하나를 뜯기는 중상을 입는 장면도 인상적입니다. 은신처 구멍에 들어가, 온몸이 창백해진 채 겨우 숨만 쉬는 문어의 모습은 마치 중병에 걸려 병상에 누운 사람과 비슷합니다. 문어는 통증을 느끼는 게 분명합니다. 며칠 지나자 발이 뜯겨 나간 곳에 자그마한 새 발이 돋아나더니 문어는 기운을 차렸습니다.

문어는 예로부터 독특한 생김새 때문에 사람들의 많은 관심과 오해를 받아온 해양 생물이에요. 노르웨이 등 북유럽에는 크라켄이라는 이름의 무시무시한 거대 문어가 배를 공격해 사람들을 잡아먹는 신화가 있어요. 그 정도로 문어에 대한 공포심이 컸던 모양입니다.

이 영화는 우리가 그동안 모르고 있던 문어의 다양한 특징들을 잘 보여줍니다. 감독은 세상에 자식들을 남기기 위해 희생한 문어의 마지막을 회상하면서 목이 메는지 잠시 말을 잇지 못하더군요. 정말 문어는 알면 알수록 신기한 생명체입니다.

알면 알수록 신기한 문어

문어가 '무척추동물계의 천재'란 사실을 알고 있나요? 문어는 인간보다 조금 적은 약 3만 3000여 개의 유전자를 가지고 있다고 합니다. 인간의 유전자 수는 약 4만 개입니다. 문어가 이처럼 많은 유전자를 가지게 된 이유는 변화하는 환경에 적응하기 위해 새로운 유전자를 끊임없이 만들어내며 진화했기 때문입니다.

문어의 신경세포는 약 5억 개로, 척추동물인 개의 신경세포 개수인 5억 3000만 개와 비슷합니다. 문어의 신경세포는 거의 3분의 2가 여덟 개 다리와 몸통에 있어요. 그 덕분에 문어의 다리 하나하나가 자체적으로 반응하고 행동할 수 있다고 합니다. 그래서 학자들은 문어가 뇌를 여덟 개 가진 것과 다름없다고 말해요. 문어는 다리로 물의 흐름, 온도 등을 파악해 주변 환경이 어떻게 변하는지 압니다. 다리에 달린 빨판 수백 개로 맛과 냄새도 느낄 수 있습니다.

문어는 강아지나 고양이와 비슷한 지능을 가진 것으로 알려져 있어요. 갇힌 병 속에서 병뚜껑을 열고 탈출하고, 레고 블록을 쌓아 은신처를 만들고, 퍼즐을 푸는 등 학습한 것을 기억하고 흉내도 냅니다.

영화에서 보듯 문어는 고통을 느낍니다. 신경세포가 많으니까 통증을 느끼는 건 당연하지요. 낙지와 게, 랍스터도 통증을 느낀다고 해요. 그래서 스위스, 노르웨이, 뉴질랜드 등 여러 국가들은 문어나 게 등을 산 채로 끓는 물에 넣거나 절단하는 행위를 금지하고 있습니다.

최근 연구들에 따르면, 문어는 사람처럼 꿈도 꾼다고

* * *

강아지, 고양이와 비슷한 지능을 가진 것으로 알려진 문어는 신경세포가 많아 통증을 느낀다고 한다.

해요. 2021년 한 학술 논문에 따르면, 문어의 수면 주기에서 인간의 렘REM수면 단계와 유사한 단계를 관찰했다고 합니다. 렘수면은 깨어 있는 것에 가까운 얕은 수면으로, 뇌의 신경 활동이 활발해 꿈을 꾸면 눈을 감고 있어도 안구가 빠르게 움직이는 것을 볼 수 있습니다. 학자들은 수조 안에서 잠을 자고 있는 문어를 관찰하던 중 피부색이 빠르게 바뀌고 다리를 꿈틀거리는 순간이 있다는 사실을 알게 됐어요. 이때 문어가 렘수면 상태에 들어가 인간처럼 꿈을 꾸는 듯 하다는 게 학자들의 주장이에요.

문어는 놀랍게도 심장이 세 개입니다. 문어와 비슷하게 생긴 오징어도 심장을 세 개 가지고 있습니다. 몸통에 산소를 공급하는 심장이 하나 있고, 다리에 피를 순환시키는 심장이 아가미에 두 개 있어요. 피를 순환해주는 심장은 평소에는 열심히 뛰지만 수영할 때는 잠시 쉬기도 합니다.

문어의 수명은 보통 3~4년으로 그리 긴 편이 아닙니다. 문어는 평생 단 한 번의 짝짓기를 합니다. 암컷은 은신처인 구멍 입구를 돌멩이 등으로 막고, 안에 숨어서 2만~10만 개의 알을 낳아 부화할 때까지 보호해요. 문어의 알이 부화하는 데는 5~6개월이 걸리는데, 이 기간 동안 어미 문어는 아무것도 먹지 않고 오로지 알을 부화시키는 데에만 몰두하지요.

알이 부화되면 어미 문어는 돌멩이를 치우고 갓 태어난 새끼 문어들이 빠져나갈 수 있도록 도와줍니다. 그러고 나면 어미 문어는 더 이상 힘을 못 쓰고 늘어져 있다가 죽거나 상어 등 물고기들의 먹이로 일생을 마치게 됩니다. 그럼

수컷 문어는 어떻게 됐을까요? 수컷 문어 역시 짝짓기에 모든 힘을 쓴 후 기진맥진해져 상어와 같은 포식자에게 대항하지 못하고 잡아먹히고 맙니다.

영화에서 포스터 감독의 '선생님'이었던 암컷 문어도 똑같은 과정을 거쳐 죽음을 맞습니다. 감독은 자신이 그토록 아끼고 사랑하는 문어가 파자마상어의 먹이가 되는 것을 지켜보며 가슴이 찢겨 나가는 듯한 아픔을 느낍니다. 하지만 상어를 쫓아버리는 등의 행동을 하지는 않습니다. 인간이 자연의 법칙을 방해하는 것은 옳지 않으니까요.

한참 뒤 감독은 아들과 함께 바다에 나가 헤엄치다가 아주 조그만 새끼 문어 한 마리를 만나게 됩니다. 작디작고 투명한 이 아기 문어는 '선생님 문어'가 남긴 자식일까요?

지구 온난화로 더워진 바다

바다는 지구에서 살아가는 모든 생명체의 근원입니

다. 바다는 우리가 살고 있는 지구 표면을 덮고 있어 생명의 근원인 물과 산소, 식량을 제공하며, 기후를 조절하는 역할을 합니다. 하지만 인간은 해양 생물의 남획과 쓰레기, 과도한 해저 개발, 온난화 등으로 바다를 망치고 있습니다. 영화 〈나의 문어 선생님〉에 등장하는 아름다운 바다를 언젠가는 더 이상 보지 못하게 될 수도 있어요.

전 세계 바닷물 온도는 해마다 신기록 행진을 이어가고 있습니다. 학자들의 연구에 따르면, 2024년 전 세계 연평균 해수면 온도가 관측 역사상 최고치를 기록했습니다. 수심 2000미터의 깊은 바닷물도 이전보다 더워지고 있는 것으로 확인됐습니다. 우리나라 주변 바닷물의 온도 상승도 심각한 수준이에요. 2024년 여름철 우리나라 주변 바닷물의 평균온도는 23.9도로, 최근 10년간 평균온도보다 1.1도가 높았습니다.

이런 추세는 2025년에도 계속되었습니다. 2025년 여름 지구 곳곳은 역대 최악의 폭염에 신음했는데, 지중해 평균수온이 7월 기준 역대 최고인 26.9도를 기록했어요. 이는 이전 10년간의 평균온도보다 약 2도가 높아요. 스페인 동쪽 발레아레스제도 인근의 바닷물은 무려 30.99도를 기록하기도 했습니다.

지구 온난화가 해양 생태계에 미치는 영향은 크게 네 가지입니다. 첫째는 바닷물 온도 상승, 둘째 바닷물 속 산소량 감소, 셋째 바닷물의 산성화, 넷째 서식지의 변화예요. 물 온도가 올라가면, 녹을 수 있는 산소의 양이 줄어들어 해양 생물들이 숨을 쉬기가 어려워집니다. 그래서 "지금 바다는 물고기도 익사할 수 있는 심각한 상황"이란 말이 나오고 있어요.

바닷속 산소량이 적어지면 시각이 예민한 해양 생물들은 시력을 잃어버릴 수도 있습니다. 한 연구에 따르면, 문어와 오징어는 바닷물 속 산소량이 적어지면 시각이 손상돼 빛에 대한 반응력이 떨어진다고 해요. 시력을 잃으면 문어는 먹이를 찾지 못하고, 반응이 늦어 파자마상어 같은 포식자를 만나도 피하기 어려워 잡혀 먹히기 쉽습니다.

바닷물의 변화는 물고기 등 해양 생물의 서식지에 변화를 가져옵니다. 예를 들어, 우리나라 주변 바다에서는 오래전부터 명태가 많이 잡혔어요. 그만큼 친숙하기에 명태는 이름이 많습니다. 살아 있는 상태에서는 명태, 얼리거나 말리지 않은 상태일 때는 생태, 얼리면 동태, 말리면 북어,

반쯤 말리면 코다리 등등 참 다양합니다. 명태는 차가운 바닷물을 좋아해서, 우리나라에서는 동해안에서 많이 잡혔지요. 그러나 지구 온난화로 동해 온도가 계속 오르면서, 명태가 더 차가운 물을 찾아 북쪽으로 이동하는 바람에 국내에서는 어획량이 사실상 전무한 상태입니다.

문어 죽이는 해양 산성화

이산화탄소CO_2는 지구 온난화를 일으키는 대표적인 대기 오염물질 중 하나입니다. 산업혁명 이래 석탄과 석유 등 화석연료 사용량이 크게 증가하면서 늘어난 이산화탄소 탓에 지구 평균온도는 갈수록 높아지고 있습니다. 2024년 7월 22일 전 세계 지표면 평균온도가 17.16도를 가리켜 '지구 역사상 가장 더운 날'을 기록했습니다. 2024년 한 해 동안 전 세계 평균온도는 산업화1850~1900 이전에 비해 1.55도 높아 175년 관측 사상 가장 높은 기록을 작성했어요.

바다는 대기에 늘어난 이산화탄소를 흡수해 온난화를 막아주는 고마운 존재입니다. 그런데 흡수하는 이산화탄소 양이 너무 많아지면 바닷물이 산성화되어 해양 생물에게 큰 영향을 주게 됩니다. 바닷물이 산성화되면 게, 새우, 조개 등은 껍질이 얇아지거나 구멍이 뚫려 살지 못해요. 산호초 역시 하얗게 변하면서 죽어버립니다.

대표적인 피해 지역 중 한 곳이 바로 세계 최대 산호초 군락지인 호주의 그레이트배리어리프입니다. 이곳의 면적은 이탈리아 국토보다 넓은데, 산호의 대규모 백화 현상이 진행 중이에요. 산호의 백화는 바다 온도가 뜨거워져 스트레스가 심해지면 산호가 에너지를 생산하는 조류를 방출해 점점 색을 잃게 되는 현상을 말합니다.

미국 해양대기청과 국제산호초이니셔티브ICRI에 따르면, 2023년 1월부터 2025년 3월까지 전 세계 산호초의 84퍼센트가 열 스트레스를 받아 백화 현상을 나타낸 것으로 나타났습니다. 산호의 대규모 백화 현상은 지금까지 네 차례 관측됐습니다. 1998년에 전 세계 산호의 21퍼센트가 피해를 입었고, 2010년에는 37퍼센트, 2014~2017년에는 68퍼센트가 피해를 입었어요. 피해 숫자가 점점 더 늘어

* * *

'해양 생물의 인큐베이터'라 불리는 산호초는 바닷물이 산성화하면 가장 크게 영향을 받는다.

나고 있는 겁니다. 이대로 가다가는 전 세계 바다에서 산호가 없어질 수도 있어요.

산호초가 없어지면 해양 생태계의 붕괴가 일어납니다. 많은 해양 생물이 산호초에서 살아가거든요. 그래서 산호초는 '해양 생물의 인큐베이터'로 불리지요. 산호초가 사라지면 전체 해양 생물종의 약 25퍼센트가 사라질 것으로 예상됩니다. 산호가 파괴되면 어획량이 급감하는 등 사람도 피해를 입습니다. 국제산호초이니셔티브에 따르면, 산호

파괴로 2100년까지 매년 5000억 달러의 경제적 손실이
발생할 수 있다고 합니다.

해양 생물 위협하는 쓰레기

바닷가에서 플라스틱 병이나 비닐봉지, 어망 등 쓰레
기들이 둥둥 떠다니는 광경을 본 적이 있나요? 해안가로
밀려온 고래 시체의 배를 갈라서 보니 엄청난 양의 쓰레기
가 위에서 쏟아져 나왔다는 기사와 사진을 본 적이 있을 겁
니다.

매년 바다에 버려지는 쓰레기의 양은 얼마나 될까요?
전 세계적으로 매년 약 1100만 톤 이상의 플라스틱 쓰레
기가 바다로 흘러 들어갑니다. 이 쓰레기들 중 상당수는 작
게 쪼개진 미세 플라스틱 형태로 해양 생물의 체내에 축적
돼 결국 인간의 몸속으로 들어옵니다. 그래서 해양 쓰레기
는 단순히 보기 싫고 비위생적인인 정도가 아니라 지구 생

바다에 버려지는 플라스틱 쓰레기는 미세 플라스틱 형태로 쪼개져 해양 생물에 축적되고, 결국 인간의 몸속으로 들어온다.

태계 전체를 위협하는 문제가 되고 있습니다.

우리나라도 태평양 바다를 오염시키는 쓰레기 배출에 책임이 있어요. 태평양 한가운데에 섬처럼 떠 있는 거대한 쓰레기더미를 조사해보니 한국, 중국, 일본에서 버린 쓰레기가 가장 많았다고 합니다. 태평양뿐만 아니라 북대서양, 인도양, 남태평양, 남대서양에도 거대한 쓰레기 섬이 있어요. 이 쓰레기들을 모두 치우려면 7만 년 이상 걸린다고 합니다.

미세 플라스틱 문제도 심각합니다. 미세 플라스틱이란 5밀리미터 이하 크기의 플라스틱 조각을 가리키는 말이에요. 전 세계 바다에 떠 있는 플라스틱 입자는 2019년 기준으로 171조 개가 넘고, 총 무게는 230만 톤에 달합니다. 깊은 바닷속에도 미세 플라스틱들이 떠다니고 있습니다.

학자들에 따르면 지구상에서 미세 플라스틱을 피할 수 있는 곳은 거의 없다고 합니다. 바닷속 미세 플라스틱은 물고기 등 해양 생물들을 통해 사람의 몸속으로 들어오게 됩니다. 생수 1리터당 미세 플라스틱 입자 수십만 개가 있다고 해요. 심지어 엄마 배 속에서 아기가 떠 있는 물인 양수에서도 미세 플라스틱이 검출되고 있습니다. 미세 플라스틱이 몸 속 장기에 붙으면 장기적으로 염증을 일으킬 수 있고, 호흡기와 뇌혈관에도 악영향을 미치는 것으로 알려져 있지요.

따라서 우리는 플라스틱 등 쓰레기를 함부로 바다에 버리는 행동을 해서는 안 됩니다. 세계 곳곳에서는 플라스틱 사용을 규제하고, 플라스틱 생산량 자체를 줄이기 위해 다양한 노력을 해오고 있습니다.

 영화로 배우는 세계

〈옥자〉와 '유전자 변형 기술'

감독 : 봉준호
장르 : 극영화
상영시간 : 2시간
등급 : 12세

　　강원도 깊은 산속에서 할아버지와 살고 있는 소녀 미자에게는 돼지 옥자가 둘도 없는 친구이자 가족입니다. 옥자는 일반 돼지들보다 몸집이 훨씬 거대하지만, 미자와 함께 산속을 뛰어다닐 때는 사냥개처럼 날쌥니다. 낭떠러지에 떨어져 죽을 뻔한 미자를 살려주기도 하고, 미자가 "매운탕 먹고 싶다"라고 외치면 계곡 물속으로 텀벙 뛰어들어 물고기를 잡아줄 정도로 똑똑하지요. 강아지처럼 애교도 많아요.

　　이처럼 평화롭게 지내던 어느 날, 미국에서 한 무리의 사람들이 미자네 집을 찾아옵니다. 10년 전 '슈퍼 돼지 콘테스트'

를 위해 미자 할아버지에게 맡겨뒀던 옥자가 잘 자랐는지 알아보기 위해서이지요. 그들은 기대 이상으로 잘 자란 옥자를 미국 뉴욕에 있는 미란도그룹으로 데려가려고 합니다. 미란도그룹은 이른바 유전자 변형 기술을 이용해 '슈퍼 돼지'를 만들어낸 다음, 그 돼지고기로 만든 식품을 전 세계에 팔려고 하는 회사입니다. 옥자는 이 연구소에서 '만들어낸' 돼지 새끼들 중 한 마리였습니다.

미자는 옥자를 구해내기 위해 뉴욕까지 따라가는데, 비밀스러운 동물보호 단체 '동물해방전선' 단원들은 미자에게 실험실에서 신음하고 있는 동물들을 구해내기 위해 도와달라고 요청합니다. 과연 미자는 옥자와 실험실 동물들을 무사히 구해낼 수 있을까요? 둘은 산으로 돌아가 예전처럼 평화롭게 지낼 수 있을까요?

영화 〈옥자〉는 코믹하면서도 슬프고, 뭉클한 감동을 남기는 작품입니다. 특히 유전자 변형 기술이라는 독특한 소재를 통해 인간과 동물의 순수한 우정, 자신의 이익을 가장 우선시하는 현대인들의 탐욕, 그리고 과학의 윤리성 문제 등을 다뤘다는 점에서 좋은 평가를 받았습니다.

2025년 7월 영국 뉴캐슬대학교 연구진은 영국에서 시험관 수정 기술을 이용해 생물학적 부모가 세 명인 아기 여덟 명이 태어나 건강하게 자라고 있다고 발표했습니다. 이 아기들은 엄마가 두 명, 아빠가 한 명입니다. 시험관 수정 기술이란 엄마의 난자를 몸 밖으로 꺼내 아빠의 정자를 수정한 다음 엄마의 자궁에 수정란을 이식하는 기술을 말합니다.

연구진은 유전병 가족력이 있는 엄마의 난자 안에서 핵만 추출한 후 아빠의 정자, 그리고 제3의 여성 기증자의 두 번째 난자를 결합하는 방식으로 아기를 태어나게 했습니다. 이 아기의 DNA는 대부분 엄마와 아빠에게 물려받았지만, 0.1퍼센트는 난자 기증자 여성의 DNA를 가지고 있다고 합니다. 세 명의 DNA를 물려받은 아기가 탄생한 게 처음은 아니지만, 영국에서처럼 동시에 여덟 명이나 태어나기는 최초입니다.

지난 2016년 미국 의료진은 유전병을 일으킬 수 있는 유전자를 가진 여성의 난자와 남편의 정자, 그리고 또 다른 여성의 건강한 난자를 조합해 사내 아기를 낳는 데 성공했습니다. 이 아기가 바로 세계 최초의 '세 부모 아기'이지요.

여러 차례 유산으로 아기들을 잃었던 부부는 관련 연구를 하고 있던 미국 의료진에게 도움을 요청했고, 부부와 의료진은 미국에서의 법적 규제를 피하기 위해 멕시코에 가서 모든 과정을 시행했다고 합니다.

유전병 없는 '맞춤형 아기'

세 사람의 유전자를 결합하는 체외수정을 허용한 나라는 현재 세계에서 영국과 호주뿐입니다. 영국에서는 2015년 논란 속에서 이 시술이 합법화됐습니다. 호주도 2022년에 이 시술을 합법화했습니다. 부모 입장에서는 유전병을 아기에게 물려주고 싶지 않은 게 당연합니다. 하지만 유전자를 조작해 '맞춤형 아기'를 탄생시키는 데 대한 윤리적 논쟁은 여전히 진행 중입니다. 영국에서 여덟 명의 아기가 태어난 것을 두고도 논란이 벌어지고 있습니다.

한편 비슷한 시기에 중국에서는 유전자 조작 돼지의

 영화로 배우는 세계

간을 뇌사 상태에 있던 환자에게 이식하는 데 성공했습니다. 그동안 유전자 조작 돼지의 신장과 심장을 사람에게 이식한 적은 있었지만, 간을 이식하기는 처음이었습니다. 연구팀은 유전자 여섯 개를 편집한 돼지 간을 뇌사 상태에 있는 사람에게 이식했으며, 두 시간이 지난 시점부터 담즙이 정상적으로 생성되기 시작했고 부작용도 나타나지 않았다고 밝혔습니다.

간이 정상 작동한 기간은 열흘이었습니다. 연구팀에 따르면, 뇌사자 가족의 요청으로 수술 후 10일째에 관찰을 중단했는데, 이식된 돼지 간은 그때까지 정상적인 기능을 유지했다고 합니다. 유전자 편집 돼지 간이 사람 몸속에서 일정 기간이나마 정상적으로 작동했다는 사실은 큰 의미가 있습니다. 앞으로 좀 더 연구가 성공적으로 진행될 경우 간 질환 환자들에게 큰 도움이 될 수 있거든요. 지금은 간 이식을 기다리다가 숨지는 환자들이 많기 때문이지요.

이처럼 유전자 변형 또는 편집 기술은 하루가 다르게 발전하고 있습니다. 유전병 등 모든 질병 발생 가능성을 완벽하게 사전에 차단할 수 있는 시대가 생각보다 빨리 다가올 수도 있습니다. 영화 〈옥자〉의 생명공학회사 미란도그룹의 계획처럼, 슈퍼 돼지 등 유전자 변형 기술을 이용한 가축과 농작물을 대량으로 생산해 전 세계 모든 사람이 배불리 먹을 수도 있을 겁니다. 유전자 변형 콩과 옥수수 등 농작물은 이미 우리의 일상생활에서 흔하게 볼 수 있지요.

생각해봅시다. 유전자를 마음대로 변형, 조작해도 괜찮을까요? 완벽한 유전자를 가진 인간이 대세를 이룬 사회에서 그렇지 못한 사람은 차별받는 게 당연할까요? 유전자를 선택하는 권리는 과연 누구에게 있을까요?

세계 최초 복제 양 돌리의 등장

1996년 7월 5일 영국에서 돌리라는 이름의 하얀색 양이 태어났습니다. 이 양은 매우 특별했습니다. 엄마 양의 몸에서 채취한 체세포를 복제해 만든 양이었기 때문이었습니다. 세계 최초의 복제 포유동물이라는 기록을 세운 돌리는 당시 전 세계에 큰 충격을 던졌어요.

체세포를 복제한다는 개념에 사람들은 경악했습니다. 인간도 체세포를 복제해 똑같은 인간을 여러 명 만들어낼 수 있다는 이야기이니까요. 물론 양과 달리 인간의 체세포 복제는 차원이 다른 일입니다. '돌리의 아버지'로 불리는 이언 윌머트 박사도 인간 복제에 대해서는 반대 입장을 분명히 했습니다.

돌리의 삶은 평탄하지만은 않았어요. 두 살 때 자연 임신으로 새끼 양 '보니' 등 여섯 마리를 낳아 복제 양도 출산이 가능하다는 점을 입증하기는 했습니다. 하지만 이듬해부터 노화를 나타내기 시작하더니, 2003년 심한 폐 질환을 앓다가 결국 사망했습니다. 일반적으로 양의 평균 수명이 12년 내외인 점과 비교하면 돌리는 절반밖에 살지 못한 겁니다. 돌리가 일찍 죽은 이유는 체세포 복제의 유전적 결함 때문인 것으로 추정됐습니다.

돌리의 탄생은 과학계뿐만 아니라 유전자 기술에 대한 사회적 인식을 바꿔놓는 결정적인 계기가 됐습니다. 실제로 동물 복제 기술은 계속 발전해 2000년 돼지 복제, 2001년 속 복제, 2005년 한국 황우석 박사팀의 아프간하운드 개 복제 등이 이어졌습니다. 이밖에 들소, 태즈메이니아 호

* * *

세계 최초로 복제한 포유동물인 돌리의 박제된 모습.

랑이, 물고기 등도 복제됐습니다. 2018년 중국 연구팀은 영장류 원숭이를 돌리와 같은 체세포 핵이식 방식으로 복제하는 데 성공했습니다.

같은 해인 2018년 중국의 의학자 허젠쿠이 박사는 일명 '크리스퍼 가위'로 유전자를 교정한 아기들이 최초로 태어났다고 발표해 세계를 깜짝 놀라게 했습니다. '크리스퍼 가위'란 선천적 유전병의 원인이 되는 유전자를 정교하게 잘라낼 수 있는 기술을 말합니다.

허 교수에 따르면, 불임 치료 중인 부모 일곱 명에게서 배아를 얻어 유전자 교정을 했고, 그중 한 쌍의 부모로부터 에이즈 바이러스에 면역력을 가진 쌍둥이를 얻는 데 성공했다고 합니다. 또 다른 부부도 유전자 아기를 임신했다고 해요.

허 박사의 연구는 많은 논란을 불러일으켰습니다. 윤리성 문제도 있었고, 유전자 편집으로 예상치 못했던 돌연변이가 나타나거나 암을 일으키는 또 다른 유전병이 나올 가능성을 배제할 수 없다는 비판이 쏟아졌지요. 허 박사는 결국 중국 수사당국에 체포됐습니다. 법원이 "과학 연구와 치료에 관한 국가 규정을 고의로 위반했으며, 의료윤리의 기준을 넘어섰다"는 이유로 실형을 선고했고, 허 박사는 수감 생활을 해야만 했습니다.

그럼에도 각국에서는 동물의 배아에 인간 DNA를 접목시켜 일명 '하이브리드 배아'를 만들어내는 실험들이 진행됐습니다. 2018년 미국과 일본 연구팀은 줄기세포와 유전자 편집 기술을 동원해 인간 세포를 양과 염소의 배아에 이식하는 데 성공했어요. 2020년 미국 연구팀은 인간과 쥐의 유전자를 혼합한 배아를 만들어냈다고 발표했습니다.

이 같은 연구들은 장기 이식이 필요한 환자들을 위해 인공장기를 만들기 위한 목적을 가지고 있습니다. 하지만 언젠가 동물과 인간이 합쳐진 '잡종 인간'이 등장하는 게 아니냐는 우려와 공포를 불러일으키고 있습니다.

성큼 다가온 배양육 시대

소고기 스테이크 요리 좋아하나요? 마블링이 풍부하게 들어간 고기를 잘 구워서 잘라 먹으면 정말 맛이 있지요. 그런데 그 스테이크가 농장에서 키워낸 소의 고기가 아니라, 실험실에서 만들어낸 고기라면 어떨까요? 맛과 향기, 씹는 느낌이 진짜 고기와 똑같은지, 아니면 뭔가 좀 다른지 궁금하네요.

2025년 5월 한국의 경상국립대학교 산하 창업 기업 (주)오렌지카우는 세계 최초로 진짜 고기와 유사한, 마블링이 풍부한 덩어리고기(스테이크) 형태의 배양육 개발에 성공했다고 공식 발표했습니다. 기존 배양육 제품들이 대부분 햄버거 패티나 치킨 너겟 같은 다진 고기 형태나 조각고기 형태여서 맛과 조리 방법에 한계가 있던 것을 혁신적인 기술로 극복했다는 겁니다.

배양육이란 살아 있는 동물의 줄기세포를 채취하고 배양해서 만들어내는 고기를 말합니다. 콩 등 식물성 단백질로 만든 대체육과 달리 진짜 동물성 단백질입니다. 배양육은 소, 돼지, 닭 등 가축의 줄기세포를 키워서 살코기를 만들고 지방 주입과 염색 과정을 거쳐 완성합니다.

배양육을 처음 개발한 사람은 네덜란드 과학자 마크 포스트입니다. 마스트리흐트대학교 교수인 그는 2013년 8월, 영국 런던에서 기자회견을 열어 세계 최초로 배양육 햄버거를 선보였습니다. 당시 햄버거를 시식한 사람들은 진짜 고기 패티보다 육즙이 적어 아쉽기는 하지만 맛은 있었다는 반응을 보였습니다.

포스트 교수는 2015년 모사미트Mosa Meat라는 회사를 만들어 배양육 연구를 계속하고 있습니다. 환경 문제에 관심이 많은 할리우드 배우 레오나르도 디카프리오가 2021

＊ ＊ ＊

2013년 마크 포스트 교수가 개발한 세계 최초의 배양육.

년 모사미트에 투자자 및 자문가로 합류해 많은 관심과 화제를 모으기도 했습니다.

세계 최초로 배양육이 식품으로 정식 승인을 받은 것은 2020년 12월이었습니다. 싱가포르 정부는 미국 실리콘밸리의 배양육 개발회사인 잇저스트It Just와 싱가포르 기업 시오크미츠Shiok Meats가 생산한 닭고기의 판매를 허가했어요. 잇저스트와 굿미트Good Meat는 2023년 미국식품의약국FDA의 승인도 받았습니다.

해산물 배양육은 없냐고요? 2025년 6월 FDA는 미국 기업 와일드타입Wildtype이 생산한 연어 배양육이 일반 식품처럼 안전하다고 확인하고 시판을 허용했어요. 진짜 연어와 영양 성분도 비슷하다고 합니다. 그동안 소고기, 돼지고기, 닭고기 배양육의 시판이 승인을 받은 적은 있지만 해산물 승인은 연어가 처음으로, 일부 식당에 판매 중입니다.

배양 연어를 만드는 방법은 소고기나 닭고기 배양육을 만드는 방법과 똑같아요. 연어 배양육 220그램을 만들어내는 데 걸리는 시간은 단 2주. 연어가 자라는 데 2년 이상 걸리는 것과 비교하면 매우 빠른 생산 속도이지요. 게다가 실험실의 깨끗한 환경에서 만들기 때문에 기생충과 미세 플라스틱이 전혀 없고, 뼈나 비늘도 없다고 해요.

글로벌 컨설팅 기업 매킨지에 따르면, 배양육 생산 규모는 2040년쯤에는 약 210만 톤으로 늘어날 것으로 전망됩니다. 시장 규모는 약 250억 달러(2026년 3월 기준 약 36조 원)가 예상됩니다.

배양육 시장이 이처럼 빠른 성장세를 보이는 이유는 전 세계적으로 육류 수요가 증가하고 있지만, 공급이 크게 늘지 못하고 있기 때문이에요. 전쟁, 자연재해 등으로 굶주리는 사람들도 많지요. 그런 점에서 배양육과 대체육은 진짜 고기의 대안이 될 수 있습니다.

특히 식물성 단백질로 만드는 대체육은 채식주의자들이 늘어나면서 좋은 반응을 얻고 있지요. 동물성 지방을 먹음으로써 생길 수 있는 고혈압, 심장병 등 질병을 걱정하지 않아도 된다는 장점이 있고요. 또 고기를 생산하는 데는 막대한 곡물 사료가 필요하고, 소와 돼지를 키우는 과정에서 많은 양의 이산화탄소가 발생하는 등의 문제점을 해결하는 데에도 도움이 됩니다.

배양육의 안전성은 아직 논란이 있는 부분입니다. 기존 축산물을 완전히 대체할 수 있는지 여부에 대한 영양적 검증과 기술 개발이 더 필요하다는 지적이 많아요.

미국의 경우 FDA는 일부 제품의 시판을 허용했지만 텍사스, 인디애나, 네브래스카, 몬태나, 미시시피, 앨라배마, 플로리다 주정부는 배양육의 시판을 금지하고 있습니다. 이들 주는 배양육의 안전성을 아직 확신할 수 없다는 점을 이유로 내세우고 있지만, 목축업이 발달한 주의 특수성을 반영해 목축 산업을 보호하려는 의도로 규제를 가하고 있다는 지적도 있답니다.

 영화로 배우는 세계

〈국가 부도의 날〉과 '거품경제와 외환위기'

감독 : 최국희

장르 : 극영화

상영시간 : 1시간 54분

등급 : 12세

1997년 11월 5일, 세계 금융의 중심지인 미국 뉴욕의 월스트리트에 있는 모건스탠리은행의 동아시아 사업부 담당자가 투자자들에게 급히 메시지를 보냅니다. "모든 투자자들은 한국을 떠나라. 지금 당장." 한국 경제 상황이 심상치 않으니 한국에 투자한 돈을 모두 빼라는 이야기였습니다.

비슷한 시각 우리나라의 중앙은행인 한국은행의 통화정책팀장 한시현은 곧 엄청난 경제위기가 닥칠 것을 예견하고 이 사실을 총장(실제 명칭은 총재)에게 보고합니다. 정부가 마땅한 대책을 세우지 못하고 우왕좌왕하는 사이, 이를 알 리 없는 작은 공장의 사장 갑수는 유명 백화점에 제품을 공급하는 계약서에 도장을 찍습니다.

심각한 위기 신호들이 곳곳에서 쏟아지는 와중에 금융 회사에서 일하는 윤정학은 바로 지금이 일생일대의 베팅을 할 때라는 감을 잡습니다. 누구도 상상하지 못했던 '역발상'으로 엄청난 돈을 벌 수 있다고 믿는 그는 몇몇 투자자들의 돈을 모아 남들보다 한 발짝 앞서 움직이기 시작합니다.

국가부도까지 남은 시간은 단 일주일. 우리나라 원화 가치는 계속 폭락하고, 은행 빚을 갚지 못하는 기업들의 파산 선언이 줄을 잇습니다. 빚더미에 눌려 극단적인 선택을 하는 사람들도 생깁니다.

그럼에도 대책팀 내부에서는 대응 방안을 둘러싸고 치열한 갈등이 이어지고, 정부는 "한국 경제는 펀더멘털(기본)이 튼튼하니까 국민들은 걱정하지 말라"는 소리만 합니다. 한시현은 자신과 전혀 다른 입장을 고집하는 정부 고위층과 충돌하며 좌절하고, 국민을 위해 어떻게 해서든 피하고 싶었던 상황을 마주하게 됩니다.

〈국가부도의 날〉은 1997년 실제로 벌어졌던 대한민국의 외환위기 사태를 소재로 한 작품입니다. 이 사태는 당시 한국 경제, 정치, 사회에 엄청난 충격을 던졌습니다. 우리 정부가 국제기구인 '국제통화기금IMF'으로부터 긴급 구제금융을 받는 조건으로 IMF의 관리 체제를 받아들이기로 합의한 문서에

서명한 날을 '국치일', 즉 '국가적으로 수치스러운 날'로 부를 정도였습니다. 우리나라가 주권을 잃고 일본에 강제 병합된 1910년 8월 29일이 '제1의 국치일'이듯, 1997년 12월 3일은 경제 주권을 잃어버린 '제2의 국치일'이란 의미입니다.

이 영화는 외환위기 사태의 발생 과정과 우리나라에 미친 충격과 상처를 다양한 사람들을 통해 그려내고 있습니다. 극적인 재미를 위해 허구를 가미한 탓에, 개봉 당시에는 왜곡 논란도 적지 않았습니다

"위기는 반복돼요. 위기에 또 다시 당하지 않기 위해선 잊지 말아야 해요. 끊임없이 의심하고 생각해야 해요. 당연한 것을 당연하게 생각하지 않아야 합니다. 그리고 항상 깨인 눈으로 세상을 바라보아야 한다는 것을 잊지 말아야 합니다."

영화 〈국가부도의 날〉의 마지막 장면에서, 한시현이 자신을 찾아와 도움을 요청하는 후배에게 하는 말입니다. 외환위기가 발생한 지 20년이 흐른 2017년, 과연 대한민국 경제는 안전해졌을까요? 한시현 눈에는 그렇게 보이지

않습니다. 위기를 이용해 엄청난 돈을 벌어, 이제는 '투자의 귀재'로 불리는 윤정학에게도 그렇습니다. 그는 "20년 전보다 위험이 더 늘었다"고 말합니다.

대한민국을 절망 속으로 몰아넣었던 외환위기는 어떻게 시작됐을까요? 우리나라 돈 가치가 떨어지면 어떤 일이 벌어질까요? 나라의 외환보유고란 무엇이고, 그것이 줄어들거나 바닥이 나버리면 어떻게 되는 것일까요? 국가부도란 무엇이고, IMF 구제금융이란 또 무엇일까요? 영화의 장면들을 떠올리면서 하나씩 그 해답을 찾아가 봅시다.

한국의 외환위기는 왜 일어났을까?

1990년대 중반 대한민국은 선진 경제국이 됐다는 기쁨에 들떠 있었습니다. 1995년 1인당 국민소득이 1만 달러(2024년 기준 3만 6624달러)를 기록했고, 같은 해 해외 수출액이 1000억 달러(2024년 기준 약 6838억 달러)를 돌파

했습니다.

1996년에는 이른바 '선진국 클럽'으로 불리는 경제협력개발기구OECD에도 가입했어요. 한국은 대만, 싱가포르, 홍콩과 함께 '아시아의 네 마리 용'으로 불리기도 했습니다. 이 말은 일본의 뒤를 이어 단기간 내에 고도성장을 이룬 4개국을 가리키는 표현이었어요.

그런데 1997년이 되면서 상황이 심상치 않았습니다. 같은 해 여름 태국 화폐 바트화 가치가 폭락하더니 그 여파가 인도네시아, 말레이시아, 필리핀, 그리고 한국에까지 미치기 시작했습니다. 이들 국가들은 1990년대에 높은 경제성장률을 기록해 해외 투자자들로부터 많은 돈을 투자받았습니다.

한꺼번에 많은 돈이 들어오자 부동산 가격이 올라가는 등 경제가 과열되면서 거품이 끼기 시작했지요. 이런 상황에서 성장세가 예전 같지 않고, 기업의 파산이 느는 등 불안 조짐이 나타나자 외국 자본이 한꺼번에 빠져나갔습니다. 그러자 이들 국가의 화폐가치가 떨어지고, 주식이 폭락했습니다. 경제위기가 본격화된 겁니다.

한국의 경우 성급한 OECD 가입이 외환위기의 원인

들 중 하나였다는 지적도 있습니다. OECD 가입으로 국가 신용도가 올라가자 기업과 금융 회사들은 예전보다 낮은 금리로 돈을 빌릴 수 있었습니다. 기업들은 원래 자본보다 훨씬 많은 빚을 내 경영을 했고, 금융 회사들은 외국에서 돈을 더 빌려 기업들에 대출을 해줬습니다. 실제 가진 돈보다 더 많은 빚으로 흥청거리는 것을 "거품이 끼었다"라고 말합니다. 비누 거품이 언젠가 꺼지듯이, 국가 경제에 긴 거품은 반드시 꺼지는 때가 오게 마련입니다.

그때가 바로 1997년 초였습니다. 한보그룹이 철강 사업을 한다며 정계 유력 인사들에게 뇌물을 주고 무려 5조 7000억 원을 불법 대출받았습니다. 그런데 이 돈을 제철소 건설에만 투자하지 않고 다른 기업 인수 등 사적으로 쓴 사실이 드러나면서 큰 파문이 일어난 겁니다. 불법으로 대출받은 돈을 갚아야 하지만 한보그룹은 그만한 돈이 없었어요. 새로운 대출도 당연히 받을 수 없었습니다. 결국 1997년 1월 22개 계열사를 거느린 한보철강이 마침내 파산했습니다. 하청 업체 100여 개도 줄도산을 했지요.

한보그룹의 부도는 곧바로 한보에 대출해준 은행들의 부실로 이어졌어요. 그런데 예전과 달리 정부가 지원하지 않겠다고 밝혔습니다. 그러자 불안감을 느낀 해외 투자자들은 한국에 투자한 돈을 한꺼번에 빼내기 시작했습니다. 그 충격으로 같은 해 3월 삼미, 4월 진로, 5월 대농과 한신, 7월 기아 등 대기업들이 줄줄이 무너졌습니다. 경제 불안으로 한국의 원화 가치는 하루가 다르게 뚝뚝 떨어졌고, 국제 금융시장에서 원화는 거의 종잇장에 불과할 정도로 가치를 잃고 말았습니다.

원화 가치가 떨어지면 어떤 일이 일어날까?

해외여행을 할 때 가장 먼저 하는 일이 우리나라 원화를 현지 화폐로 바꾸는 일일 겁니다. 미국을 여행하려면 원화를 달러화로 바꿔야 하고, 프랑스를 여행하려면 유로화로 바꿔야 하지요. 그런데 지금 원화 가치가 높으면 이전보다 적은 돈을 내고 달러화를 살 수 있어요. 예를 들어 이전에는 1달러를 사는 데 1500원이 필요했다면, 지금은 1000

원으로 1달러를 살 수 있다고 가정해봅시다. 이런 경우를 원화 가치가 올랐고, 달러 가치는 떨어졌다고 합니다. 해외 여행을 할 때는 원화 가치가 높은 게 유리하지요.

중요한 점은 원화를 포함해 모든 나라의 화폐 가치는 너무 높아도, 너무 낮아도 좋지 않다는 것입니다. 그래서 각국 정부와 중앙은행은 자국의 화폐 가치를 적절한 수준으로 유지하려고 노력합니다.

다시 1997년으로 돌아가 봅시다. 당시 우리나라 경제 상황이 여러 이유로 나빠지자 해외 투자자들은 투자했던 돈을 빼서 달러화로 바꿔 가지고 갔습니다. 스위스 취리히에 있는 국제금융연구소IIF에 따르면, 1997년 7월부터 12월 말까지 아시아에서 빠져나간 해외 투자금이 약 1000억 달러였습니다. 이 중 절반인 500억 달러가 한국에서 빠져나간 투자금이었다고 합니다.

이처럼 한꺼번에 돈이 빠져나가면서 원화 가치가 빠르게 곤두박질치자 한국은행은 가지고 있던 외환보유고를 풀어 원화 가치 방어에 나섰습니다. 그러나 외환보유고가 바닥이 날 지경이 되면서 "한국의 부도가 임박했다"는 이야기가 퍼지자 상황은 더욱 급격히 악화됐습니다.

"펀더멘털은 건전하다"는 거짓말

개인이 은행에서 빌린 돈을 갚지 못하면 "파산했다", "부도를 맞았다"라고 합니다. "신용불량자가 됐다"라고도 하지요. 국가도 마찬가지입니다. 해외에서 빌린 돈을 갚지 못하면 국가부도 사태를 맞는 겁니다.

국가가 부도 사태를 맞게 되면 어떤 일이 벌어질까요? 영화 〈국가부도의 날〉에서 보았듯이 환율이 폭등하고, 국가신용등급이 하락하고, 금융시장이 극도로 불안해집니다. 또 기업들이 파산하고, 국가의 공공서비스 인프라가 정상적으로 작동하기 힘들어지고, 서민들은 생활비 폭등 등으로 하루하루를 살아가기 어렵게 됩니다. 실업자도 급증하게 되지요.

국가의 부도를 막기 위해서는 건전한 기업 운영, 정부의 국가부채 관리, 정부의 안정적인 경제정책, 투명하고 엄격한 금융시장 관리, 충분한 달러보유고(달러화 보유량) 유지 등이 필수적입니다. 하지만 1990년대 중후반 우리나라는 쉽게 빌린 돈으로 흥청대며 다가오는 위기를 제대로 감지하지도, 대응하지도 못했습니다.

그럼에도 당시 정부는 "우리 경제의 기초 여건, 즉 펀더멘털은 건실하기 때문에 동남아 국가와 같은 외환, 금융 시장의 위기 상황은 이어지지 않을 것"이라는 말로 국민들의 불안감을 달래려고만 했지요.

국가가 부도 위기를 맞게 되면 대응 방식은 크게 두 가지입니다.

첫 번째는 모라토리엄moratorium 선언입니다. 모라토리엄은 라틴어로 '지체하다'라는 뜻을 가진 '모라리morari'에서 유래한 단어로, 국가가 빚 상환을 일정 기간 미루는 것을 말합니다. 즉, '지금은 돈을 갚지 못하지만, 상황이 나아지면 갚을 테니 당분간 기다리라'는 의미이지요.

모라토리엄을 선언하고 빚 상환을 잠시 미루면 완전히 파산하는 것은 아닙니다. 하지만 자국의 경제가 엉망이라는 사실을 인정하는 셈이어서 국가신용이 회복하기 어려울 정도로 큰 타격을 입게 됩니다. 그럼에도 아르헨티나, 러시아 등 여러 나라들이 모라토리엄을 선언한 적이 있습니다. 1997년 당시 우리 정부는 모라토리엄 선언 대신 IMF에 손을 내밀었습니다.

IMF 구제금융이란 무엇인가?

국제통화기금, IMF는 1945년 세계은행과 함께 창설된 국제기구입니다. 선진국을 비롯한 세계 각국이 일정한 액수의 돈으로 기금을 만들어, 경제가 어려워진 나라들에 비상시 지원해주는 것이 핵심 업무입니다. 기금을 많이 낸 국가가 많은 의결권을 가지고 있는 구조인데, 미국의 기금 지분율이 17.43퍼센트로 가장 많습니다. 그래서 IMF의 주요 결정이 사실상 미국의 뜻대로 이뤄진다는 지적이 나오고 있지요. 미국 다음으로는 일본이 6.47퍼센트, 중국 6.40퍼센트 순입니다. 한국의 지분율은 약 1퍼센트입니다.

1997년 12월 3일 우리 정부는 IMF로부터 총 580억 3500만 달러를 지원받는 문서에 서명했습니다. 세상에 공짜는 없는 법입니다. IMF는 우리나라에 돈을 빌려주는 대신 혹독한 조건을 내걸었습니다. 한국의 경제구조를 근본적으로 바꾸라는 것이었지요. 부실한 기업이나 금융 기관을 폐쇄 또는 합병하고, 외국인이 한국의 은행 등을 쉽게 사들일 수 있도록 허용해야 하며, 대규모 정리해고를 해야 하

미국 워싱턴에 있는 국제통화기금IMF 본부 외관. 1997년 외환 위기 당시
IMF는 우리나라에 돈을 빌려주는 대신 혹독한 조건을 내걸었다.

고, 정부는 긴축재정을 해야 한다고 요구했습니다. 나라 경
제가 엉망이 됐으니 어떻게든 개혁이 필요한 것은 사실이
었지요.

하지만 IMF가 요구한 혹독한 개혁은 우리나라에 큰
고통을 안겼습니다. 1997년 12월 이후 이듬해 5월 말까지
1만 5000여 기업이 부도를 냈고, 실업자가 175만 명을 넘
어섰습니다. 해고를 당하지는 않았지만, 월급을 제대로 받

지 못하는 직장인도 많았어요. '나쁜 일자리'로 불리는 비정
규직 일자리가 많아진 것도 IMF가 우리 사회에 남긴 유산
이라고 할 수 있습니다.

가장 안타까운 점은 사업 실패와 생활고를 비관해 스
스로 목숨을 끊은 사람이 급증했다는 사실입니다. 우리나
라가 이른바 IMF 관리 체제에 본격적으로 들어가기 시작한
1998년 1월부터 3월까지 석 달 동안 2288명이 극단적 선
택을 했습니다. 하루 평균 25.4명꼴입니다. 이는 같은 기간
교통사고 사망자 2038명을 앞지르는 것이었습니다. 1998
년 한 해 동안에는 극단적 선택으로 세상을 떠난 사람이 1
만 2000명을 기록했습니다.

금 모으기 운동은 효과가 있었나?

우리나라가 경제 주권을 잃고 IMF 관리 체제에 들어
가게 되자, 온 국민은 크나큰 충격을 받았습니다. "좀 잘살

게 됐다고 허영과 사치를 부렸기 때문"이라는 둥, "샴페인을 너무 일찍 터트렸다"는 둥 국민들에게 책임을 돌리려는 말도 있었지요. 하지만 그저 열심히 일하며 성실하게 살아온 국민 대다수는 왜 이런 일이 벌어졌는지 도저히 이해할 수 없었어요.

그래도 다시 한 번 국민이 나섰습니다. 1907년 대한제국이 일본에 빌린 차관을 갚기 위해 '국채 보상 운동'이 벌어졌던 것처럼, 이번에는 나랏빛을 갚는 데 써달라며 '금반지 모으기 운동'이 일어난 것입니다.

시작은 1997년 11월 20일 '새마을 부녀회 중앙연합회'가 선포한 '애국 가락지 모으기 운동'이었습니다. 1998년 초부터 KBS 금 모으기 캠페인이 시작되면서 전국적으로 확산됐습니다. 그 결과 1월에 165톤, 2월 53톤, 3월 5톤, 4월 0.8톤 등 총 227톤의 금이 모였습니다. 당시 시세로 약 20억 달러어치에 달하는 규모였어요.

이 운동이 나랏빛을 갚는 데 얼마나 효과가 있었는지에 대해서는 평가가 엇갈립니다. 당시 우리나라의 외환 부채는 약 300억 달러에 달했습니다. 금을 모아 만든 약 20억 달러는 부채를 다 갚기에 턱없이 부족한 돈이었습니다.

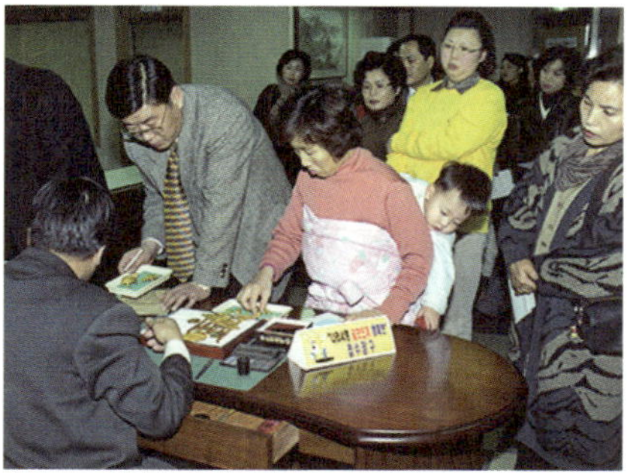

@ National Archives of Korea

한국이 IMF 체제에 들어가자 전국적으로 금 모으기 캠페인이 벌어졌다.

그럼에도 금 모으기 운동은 국가가 위기를 맞았을 때 국민들이 단결된 힘과 위기 극복 의지를 보여준 상징적인 사건이었다는 점에서 큰 의미가 있습니다. 세계적으로 경제위기를 맞은 국가들은 많지만, 우리나라처럼 국민들이 자발적으로 나서서 금 모으기 운동을 벌이며 희생정신을 보여준 예는 없다고 합니다.

2000년 12월 4일 정부는 "IMF의 모든 차관을 갚았으며, 이로써 우리나라는 IMF 위기에서 벗어났다"고 공식 발표했습니다. 2004년 5월까지로 예정됐던 상환 시기를 무려 3년 반이나 앞당긴 겁니다. 이듬해 8월 23일, 한국은 IMF 관리 체제를 공식적으로 졸업했습니다.

〈국가부도의 날〉에서 한시현이 말하듯이, 경제위기는 또 다른 형태로 다시 찾아올 수 있습니다. 과거의 잘못과 상처를 반복하지 않도록 모두가 노력해야겠습니다.

 영화로 배우는 세계

10 〈슬럼독 밀리어네어〉와 '빈부 격차'

감독 : 대니 보일

장르 : 극영화

상영시간 : 2시간

등급 : 15세

　　인도의 금융과 상업 중심지인 뭄바이에는 '다라비'라는 빈민촌이 있습니다. 자말은 이곳에서 쓰레기를 뒤지고, 구걸을 하고, 때로는 범죄를 저지르며 살아온 18세 소년입니다. 학교를 다녀본 적이 없고, 글자를 읽을 줄도 모릅니다.

　　그런 자말이 최고 인기 퀴즈쇼 '누가 백만장자가 되고 싶은가'에 참가합니다. 처음에는 모든 사람이 자말을 무시했어요. 거액의 상금이 걸려 있는 만큼 꽤 어려운 문제들이 출제되기 때문에 일자무식인 자말이 단 한 번이라도 상대방을 이길 가능성이 없다고 본 것이지요.

놀랍게도 자말은 문제들을 척척 맞춥니다. 빈민촌 출신의 소년이 경쟁자들을 한 명씩 꺾고 최종 라운드에 오르자 인도 사회는 그야말로 벌컥 뒤집힙니다. 자말은 단번에 많은 사람들의 관심을 한 몸에 받는 인기 스타가 됐고요.

좋은 일이 있으면 나쁜 일도 있는 법. 자말이 사기죄로 체포돼 경찰의 모진 수사를 당하게 된 겁니다. 경찰은 자말이 누군가와 짜고 미리 문제와 정답을 알아내 풀었을 것으로 의심합니다. 그러나 경찰이 몰랐던 사실이 있습니다. 자말은 학교 교육을 통해 지식을 얻은 게 아니라, 빈민촌(슬럼) 곳곳을 떠도는 한 마리 개처럼 살아오면서 평생 절대 잊을 수 없는 지식을 스스로 깨우쳤다는 사실을 말입니다.

자신이 가장 좋아하는 배우를 보기 위해 똥통에 빠져본 사람이 자말 말고 또 있을까요? 힌두교 광신자들에게 어머니가 살해당하는 모습을 지켜본 사람이 과연 몇이나 될까요? 길거리에서 노래하며 구걸하는 어린아이들 중 두 눈 잃은 장님이 유난히 많은 이유를 사람들은 알까요? 두 눈이 보이지 않는 아이들이 구걸하면 사람들이 불쌍히 여겨 지갑을 쉽게 열기 때문에, 이른바 앵벌이 조직원들이 아이들의 눈을 일부러 못 쓰게 만든 겁니다.

아슬아슬한 퀴즈쇼와 함께 자말의 기구하기 짝이 없는 어린 시절 이야기가 교차로 진행되는 〈슬럼독 밀리어네어 Slumdog millionaire〉는 유쾌하면서도 슬픈 영화입니다. 주인공

 영화로 배우는 세계

자말을 비롯해 대다수 배우들은 대니 보일 감독이 빈민가를 돌아다니며 직접 발굴했습니다. 연기 경험이 전혀 없는 아이들은 연기가 아니라 그들의 삶 자체를 천진난만하고 생생하게 보여줍니다. 인도 작가 비카스 스와루프의 소설 『Q & A』를 원작으로 한 이 영화는 2009년 미국 아카데미상에서 작품상, 감독상 등 8개 부문을 수상하는 등 많은 상을 휩쓸었습니다.

뭄바이는 인도 최대 도시이자 경제 수도로 꼽히는 곳입니다. 영국 식민지 시절에는 봄베이로 불렸지만, 1995년에 지금의 이름으로 바뀌었어요. 뭄바이 인구는 시 자체에만 약 1285만 명, 주변 지역까지 합치면 2070만 명이 넘습니다.

뭄바이의 가장 유명한 랜드마크는 항구에 서 있는 커다란 돌 건물 '게이트 오브 인디아Gate of India'예요. 1911년 영국 국왕 조지 5세 부부의 인도 방문을 기념해 세워졌습니다. 그만큼 뭄바이는 인도뿐만 아니라 영국에도 정치적, 경제적으로 매우 중요한 도시였지요. 인도가 독립한 1947년 이전까지는 영국 총독이 뭄바이에 처음 도착하면 '게이

트 오브 인디아'를 통과해 취임식을 갖는 게 관행이었다고
합니다.

뭄바이 시내에서는 금융, 상업의 중심지답게 고층 빌
딩들을 쉽게 볼 수 있습니다. 전 세계에서 가장 비싼 개인
주택이라는 27층 건물 '안틸라'도 뭄바이에 있어요. 이 건
물은 인도 최대 기업인 릴라이언스 인더스트리의 무케시
암바니 회장 집인데, 우리 돈으로 수조 원을 호가한다고 합
니다. 그 아래 거리에는 허름한 옷을 걸친 노숙자와 걸인들
이 앉아 있고, 조금 더 가면 거대한 빈민촌이 나옵니다.

뭄바이에서는 이처럼 극단적인 부와 극단적인 가난,
세련된 서양식 문화와 이방인은 이해하기 힘든 인도 특유
의 전통문화 및 종교관이 나란히 존재합니다. 사람들은 이
를 '뭄바이의 두 얼굴', '인도의 두 얼굴'이라고 부르지요.

인도는 세계에서 가장 빠르게 경제성장을 이룬 국가
중 하나로 꼽힙니다. 2025년 인도는 명목 국내총생산(한
나라에서 일정 기간 생산된 모든 생산물의 가치를 시장가격으로
평가한 액수)이 4조 1252억 달러를 기록해, 세계 5위를 차
지했습니다. 참고로 1위는 미국, 2위 중국, 3위 독일, 4위는
일본입니다. 국제통화기금에 따르면, 인도는 2027년에 5

＊ ＊ ＊

빈곤과 부의 극명한 대조를 보여주는 인도 뭄바이의 도시 풍경.

조 달러 경제를 달성하고, 2028년에는 독일까지 추월해 세계 3위로 도약할 것으로 예상됩니다.

그런데 왜 인도에서는 빈민촌이 사라지지 않을까요? 빈부 격차가 점점 더 벌어지고 있는 이유는 무엇일까요? 인도뿐만 아니라 세계 곳곳에서 목격할 수 있는 빈곤의 실태를 알아보기 위해, 영화 〈슬럼독 밀리어네어〉의 무대인 뭄바이의 빈민촌 다라비 속으로 들어가 봅시다.

2030년 빈민촌 인구 30억 명

다라비 빈민촌은 뭄바이에 있는 많은 빈민촌들 중 하나이자, 세계 최대 빈민촌으로 유명한 곳입니다. '세계 최대'라니까 엄청나게 큰 규모로 생각하기 쉽지만, 크기는 의외로 작아서 2.5제곱킬로미터에 불과합니다. 여의도의 4분의 1만한 면적에, 무려 약 100만 명이 살고 있는 것으로 추정됩니다. 그래서 세계에서 가장 인구밀도가 높은 곳 중 하나로 악명 높습니다.

뭄바이 한복판에 있는 다라비 빈민촌에는 판자를 이어 만든 집이 다닥다닥 붙어 있고, 잠을 잘 공간이 부족한 건 물론이고 음식을 해먹을 부엌, 화장실, 몸을 씻을 곳도 너무나 부족합니다. 영화에 등장하는 것처럼 대부분의 주민들은 공동 화장실을 이용하는데, 그마저도 부족해 해변가 등 아무 곳에서나 대소변을 보는 사람들도 많다고 합니다.

다라비의 역사는 100년이 넘습니다. 영국 식민지 시절인 1884년 뭄바이 중심가에서 쫓겨난 가난한 사람들이 모여 살기 시작했던 게 오늘날의 다라비로 발전했습니다. 다

* * *

뭄바이 한복판에 있는 다라비의 집들. 안전하지 않은 자재로 만든 집이 다닥다닥 붙어 있다.

라비 내에는 소형 공장과 가게들도 많아서 비공식적인 경제활동이 상당히 활발합니다. 연간 10억 달러어치 이상의 가죽, 섬유, 도자기 제품들이 이곳에서 생산, 판매되고 있는 것으로 추정됩니다.

세계 곳곳에는 다라비와 같은 빈민촌이 많이 있습니다. 브라질 리우데자네이루에 있는 빈민촌 파벨라, 필리핀 수도의 쓰레기 매립지에 들어선 빈민촌 톤도, 케냐 나이로비에 있는 아프리카 최대 빈민촌 키베라 등이 유명하지요.

브라질의 파벨라는 사실상 갱단 조직이 장악한 무법지대로, 정부의 공권력이 미치지 않는 극히 위험한 곳으로 악명이 높습니다.

그럼 전 세계적으로 빈민촌에서 살고 있는 사람은 몇 명이나 될까요? 유엔 통계에 따르면, 인간에게 어울리는 주거 공간을 전혀 보장받지 못하며 살아가는 사람이 11억 명(2023년 기준)에 이른다고 합니다.

도시화 확산, 도시 과밀화, 기후변화 가속화로 인한 재해 등의 이유로 주거 빈곤층, 즉 빈민촌에서 살아가는 사람이 2050년쯤에는 30억 명으로 늘어날 것으로 유엔은 내다보고 있습니다. 이 같은 상황은 빈민들뿐만 아니라 국가적으로도 경제성장과 사회 통합에 걸림돌이 될 수 있다는 점에서 심각한 문제가 아닐 수 없습니다.

전 세계 극빈 인구 약 8억 명

　　인도 정부에 따르면, 빈곤 상태에 있는 인도인이 전체 인구(약 14억 6000만 명)의 4분의 1이 넘는 38퍼센트에 달한다고 합니다. 물론 극단적으로 빈곤한 인구는 이전에 비해 줄어들고 있기는 합니다.

　　세계은행이 2025년 4월에 발표한 '빈곤과 형평성 보고서'에 따르면, 인도의 극빈층 비율은 2011~2012년 전체 인구의 16.2퍼센트에서 2022~23년 2.5퍼센트로 감소했다고 해요. 농촌 지역 극빈층 비율도 18.4퍼센트에서 2.8퍼센트로, 도시 지역은 10.7퍼센트에서 1.1퍼센트로 감소했습니다. 그럼에도 불구하고 가난하게 하루하루를 연명하는 사람들이 여전히 많다는 점이 문제입니다.

　　'절대적 빈곤'이란 개념이 있어요. 2025년 6월 세계은행은 절대적인 빈곤 기준을 하루 3달러(2025년 7월 환율 기준 약 4145원)로 제시했습니다. 즉 하루에 3달러를 쓸 수 없다면 절대적인 빈곤 상태라는 의미입니다. 경제 수준을 기준으로 좀 더 구체적으로 나눠 중상위 소득 국가들의 빈곤 기준은 하루 8.30달러, 중하위 소득 국가들의 빈곤 기준은 하루 4.20달러로 제시했어요.

세계은행에 따르면, 전 세계 극빈층 인구는 1990년에 비해 15억 명이 감소한 것이 사실입니다. 1990년대에는 절대적으로 빈곤한 인구의 대다수가 동아시아 태평양 지역, 남아시아, 그리고 아프리카 사하라 사막 이남 지역에 집중돼 있었어요. 이후 동아시아 태평양과 남아시아 지역의 절대적 빈곤 인구는 급격히 감소했습니다.

또 1990년에는 전 세계 인구의 약 60퍼센트가 저소득 국가에 살았지만, 현재는 10퍼센트 미만이라고 해요. 2025년 현재 전 세계 인구의 약 4분의 3이 중소득 국가에서 살고 있어요. 이런 수치들을 보면 과거에 비해 전 세계적으로 생활수준이 개선됐다고 할 수 있습니다.

문제는 지난 10여 년간 빈곤 감소 추세가 상당히 둔화되고 있다는 점이에요. 원인으로는 경기 불황, 코로나 팬데믹 유행과 같은 전염병 확산 사태, 심각한 기상 이변, 전쟁 등이 꼽히고 있습니다. 세계은행은 오늘날에도 절대적 빈곤에 처해 있는 인구가 약 8억 800만 명에 이르는 것으로 추정합니다. 그러면서 현재와 같은 감소 속도로는 지구상

에서 극빈층을 사라지게 만드는 데 수십 년이 걸릴 수 있다
고 예상했습니다.

갈수록 커지는 빈부 격차

극단적인 빈부 격차도 인도의 심각한 경제적 문제점
중 하나로 꼽힙니다. 세계불평등연구소WIL가 2024년에 발
표한 '인도의 소득 및 부의 불평등, 1922~2023' 보고서에
따르면, 2023년 말을 기준으로 인도 상위 1퍼센트의 부유
층이 인도 전체 자산의 40.1퍼센트를 차지하고 있는 것으
로 나타났습니다. 이는 1961년 이후 최고 비율입니다. WIL
은 인도가 영국의 식민통치를 받던 시절보다 더 큰 빈부 격
차를 겪고 있다고 지적했습니다.

전 세계적으로도 빈부 격차는 갈수록 심해지고 있습니
다. 최상위 1퍼센트 부유층이 소유한 부의 비율은 전체의
약 45퍼센트(2024년 기준)에 달합니다. 전 세계 억만장자

들의 부가 2024년 한 해 동안에만 총 2조 달러 증가해, 전년보다 세 배 더 빠른 증가 속도를 기록했어요. 억만장자 수는 2023년 204명에서 열 배 넘게 늘어 2024년에는 2769명이 됐습니다. 현재와 같은 추세라면 10년 이내에 5명 이상의 조만장자가 등장할 수 있다고 합니다.

여기서 우리가 주목해야 할 점은 빈부 격차가 고착화되고 있다는 사실이에요. 어떤 사람들은 개인이 게으르고 무능해서 가난을 벗어나지 못하는 것이라고 지적합니다. 맞는 말일 수도 있습니다. 열심히 노력하고 부지런한 사람이 경제적으로 성공하는 것은 당연합니다. 하지만 경제 산업구조가 첨단 기술 및 디지털 중심으로 바뀌면서, 아무리 개인이 노력해도 빈곤 상태에서 벗어나기 쉽지 않은 것도 사실이에요.

〈슬럼독 밀리어네어〉의 자말을 봅시다. 자말은 똑똑하고 눈치가 빠른 아이였지만, 가난 때문에 학교 교육을 받지 못했고 좋은 일자리를 얻을 수도 없었지요. 자말은 퀴즈쇼에서 우승해 백만장자가 됐지만, 실제로 그런 일이 일어날 확률이 과연 얼마나 될까요? 그래서 이 영화가 개봉됐을 때 많은 인도인들이 "영화 속에서나 가능한 일"이라는 반응을 보였다고 합니다.

빈부 격차를 줄여 '함께 사는' 사회와 국가를 만들어 나가기 위해서는 어떻게 해야 할까요? 교육을 받을 수 있는 기회의 확대, 사회 안전망의 강화, 노동시장 등 경제 사회 각 부분의 개선, 정치적 안정 등이 무엇보다 중요합니다. 하나하나가 쉽지는 않은 일이지요.

유엔 인권위원회 식량특별조사관으로 활동했던 스위스의 저명한 사회학자 장 지글러는 1999년에 출간한 책 『왜 세계의 절반은 굶주리는가?』에서 이렇게 말했습니다. "무엇보다도 인간을 인간으로서 대하지 못하는 살인적인 사회구조를 근본적으로 뒤엎어야 해. …(중략)… 그래서 결국은 자신의 손으로 자신의 나라를 바로 세우고, 자립적인 경제를 가꾸려는 노력이 우선적으로 필요한 거야."

모든 변화는 바로 우리 자신의 작은 노력에서부터 시작됩니다.

영화로 배우는 세계

© 오애리, 2026

초판 1쇄 2026년 3월 18일 찍음
초판 1쇄 2026년 4월 10일 펴냄

지은이 | 오애리
펴낸이 | 이태준

인쇄·제본 | 지경사문화

펴낸곳 | 북카라반
출판등록 | 제17-332호 2002년 10월 18일

주소 | (04031) 서울시 마포구 동교로 22길 29, 성지빌딩 301호
전화 | 02-486-0385
팩스 | 02-474-1413

ISBN 979-11-6005-163-6 44080
ISBN 979-11-6005-127-8 44080 (세트)
값 17,000원